한국인을 위한 일본어 발음

저자 **정현혁**
감수 **사카이마유미**

제이앤씨
Publishing Company

머 리 말

이번에 2018년 발간된『한국인을 위한 일본어 발음』교재의 개정판을 내게 되었다. 개정판에서는 기존 교재의 취지를 살리면서도 새로운 구성을 취하였다.

우선 [음성학 기초지식]을 제시하여 음성의 가장 기초적인 부분을 습득할 수 있도록 하였다.

다음으로 한국어를 모국어로 하는 학습자가 일본어를 발음할 때 어려운 발음을 9개 항목으로 나누어 [한국인을 위한 일본어 발음]이라 하여 항목별로 직접 듣고 학습하여 발음할 수 있도록 꾸몄다. 구체적인 9개 항목은 우선순위를 정하여 [어두의 탁음], [어중/어미의 청음], [장음과 단음의 발음], [ザ・ゼ・ゾ와 ジャ・ジェ・ジョ의 발음], [ツ・チュ와 ズ・ジュ의 발음], [촉음과 비촉음의 발음], [발음(撥音)의 발음], [모음의 무성화], [외래어의 표기와 발음] 순으로 다루고 마지막에는 종합적으로 복습한다는 의미로 [발음종합]을 두었다.

또한 한국인이 어려워하는 일본어 악센트를 간략히 개관한 후 가능한한 규칙성이 있는 예를 중심으로 구성하여 학습자가 보다 손쉽게 일본어 악센트를 습득할 수 있도록 구성하였다. 구체적으로는 [악센트 개관], [단순명사의 악센트], [외래어의 악센트], [이름의 악센트], [한어의 악센트], [복합명사의 악센트], [단순동사의 악센트], [복합동사의 악센트], [단순형용사의 악센트], [복합형용사의 악센트]의 순이다.

한국어를 모국어로하는 학습자가 일본어 발음을 학습할 때 어렵게 느끼는 발음은 다른 외국어를 모국어로 가지고 있는 학습자와는 다르다는 관점에서 이 교재는 출발한 것이다.

이러한 필자의 의도대로 한국어를 모국어로 하는 일본어학습자가 이 교재를 이용하여 학습한 후 일본인에게 자신의 의도한 바를 정확한 발음으로 제대로 잘 전달할 수 있게 되기를 바란다.

끝으로 이 교재가 출판되기까지 흔쾌히 감수를 수락해 주신 덕성여자대학교의 사카이 마유미 교수님과 많은 배려와 노고를 아끼지 않으신 제이앤씨의 윤석현 사장님께 이 자리를 빌어 감사의 말씀을 드린다.

2024년 1월 1일
이문동 연구실에서
정현혁

목 차

제1부

음성학 기초지식

1 음성과 음운

○ 음성 : 인간이 말을 하기 위해서 음성기관을 움직여 내는 음

○ 음운 : 사람들이 두뇌에 기억되어져 있는 음의 관념
  음소(음운의 최소단위) : /h/
  단음(음성의 최소단위) : [h], [ç], [ɸ]

2 음절과 박

○ 음절 : 하나의 덩어리로 들리는 음의 연속

○ 박 : 음의 길이를 나타내는 시간의 단위

3 음절과 박의 차이

がっ/こう　2음절　　が/っ/こ/う　4박

음성을 만들어 내기 위해서 참여하는 신체의 모든 생리적 기관

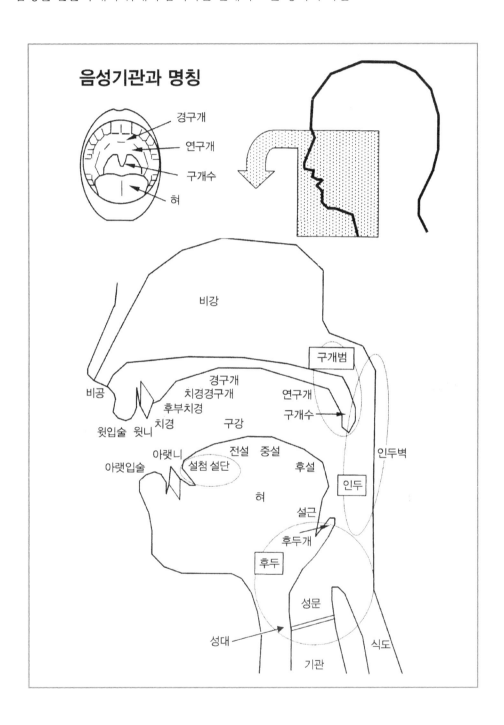

음성기관과 명칭

경구개
연구개
구개수
혀

비강
구개범
경구개
치경경구개
후부치경
비공
연구개
구개수
윗입술 윗니 치경
구강
인두벽
아랫니
전설 중설
설첨 설단
후설
인두
아랫입술
혀
설근
후두개
후두
성문
성대
식도
기관

○ 모음 : 구강이나 인두에서 폐쇄나 협착이 일어나지 않고 나오는 음

[모음을 말할 때의 필수요소]

① 혀의 위치(전설모음, 중설모음, 후설모음)

② 입 벌림의 크기(협모음, 반협모음, 반광모음, 광모음)

③ 입술의 형태(원순모음, 비원순모음)

　예) 일본어의 ウ음 : 비원순 후설 협모음

○ 자음 : 호기(呼気)가 구강 등 조음기관의 여러 곳에서 폐쇄 또는 협착에 의해 방해를
　　　　 받아 나오는 음

[자음을 말할 때의 필수요소]

① 조음방법(파열음, 마찰음, 파찰음, 탄음, 비음)

② 조음위치(양순음, 치경음, 치경경구개음, 경구개음, 연구개음, 성문음 등)

③ 성대의 진동유무(유성음, 무성음)

　예) [k] : 무성연구개파열음

제2부
한국인을 위한 일본어 발음

제01장

어두의 탁음(カ行과 ガ行、タ行과 ダ行)

1 발음법

어두의 탁음은 엄밀하게 말해서 한국인은 발음할 수 없다. 왜냐하면 어두의 탁음은 유성음으로 한국어의 경우 어두에 유성음이 오는 경우가 없기 때문이다. 유성음은 발음을 할 때 목 부분의 성대가 떨리는 음을 말한다. 하지만 한국어의 경우도 어의 중간이나 끝에서는 유성음이 존재한다. 구체적으로 한국어의 평음인 'ㄱ, ㄷ, ㅂ, ㅈ'은 모음과 모음 사이에 둘러 쌓이거나 비음과 모음 사이에 둘러 쌓일 때 유성음으로 소리가 난다. 예를 들어 '아기'의 경우 2음절의 '기'의 'ㄱ'은 앞의 [ㅏ]와 [ㅣ]에 둘러 쌓여 [g]음인 유성음이 된다. 이 현상을 이용하여 어두의 탁음을 발음하면 일본인은 어두가 탁음임을 인식하게 되어 커뮤니케이션이 원활하게 된다.

구체적으로 말하자면 어두의 「が」음을 발음할 때는 먼저 소리가 거의 나지 않는 상태로 [으]를 목에서 소리냄과 동시에 [가]를 발음하는 식이다. 다시 말해 [으가]와 같이 발음하는 것이다. 이것을 다른 어두의 탁음에도 이용하여 [으기], [으구], [으게], [으고], [으자], [으지], [으즈], [으제], [으조], [으다], [으지], [으즈], [으데], [으도], [으바], [으비], [으부], [으베], [으보]와 같이 발음하는 것이다. 어두의 탁음은 이와 같이 발음하고 어두의 청음은 한국어의 격음 '카' '타'를 약하게 발음하는 식으로 하면 일본인과의 커뮤니케이션에 지장이 없다.

◀)) カキ (柿 감) [카키]   ガキ (餓鬼 개구장이) [으가키]

◀)) タメ (為 위해) [타메]   ダメ (駄目 소용없음) [으다메]

그런데 일본인들의 발음을 실질적으로 들어보면 한국인이 발음하는 것처럼 하지 않기 때문에 구분이 잘 가지 않는 경우가 있다. 특히 일본어의 カ行과 ガ行, タ行과 ダ行은 조음방법과 조음점이 같고 단지 유성음, 무성음만이 다르기 때문에 구별이 어렵다.

◀)) カキ (柿 감)   ガキ (餓鬼 개구장이)

◀)) タメ (為 위해)   ダメ (駄目 소용없음)

이 음들은 많이 들어 유성음 무성음의 차이에 익숙해 져야 하며 필요 시에는 그 단어를 외워서 머리 속에 익혀서 발음해야 한다. 여기에서는 이 음들을 듣고 구별하여 발음하는 연습을 해 보기로 한다.

2 듣기연습

1. 아래의 단어와 원어민의 음성이 일치하면 1을, 일치하지 않으면 2를 선택하시오.

① ◀)) ガキ (餓鬼 개구장이)   ② ◀)) グラブ (glove 글러브)

③ ◀)) ケンテイ (検定 검정)   ④ ◀)) ダイチョー (大腸 대장)

⑤ ◀)) デンチ (電池 전지)   ⑥ ◀)) ゴトー (語頭 어두)

⑦ ◀)) ドーイ (同意 동의)   ⑧ ◀)) ギンメダル (銀メダル 은메달)

⑨ ◀)) ガバン (画板 화판)   ⑩ ◀)) タイヘン (大変 큰일)

2. 원어민의 음성을 듣고 그 읽는 단어가 1, 2번 중에 어느 쪽인지 고르시오.

① ◀)) (1) カバン (鞄 가방)   (2) ガバン (画板 화판)

② ◀)) (1) キンメダル (金メダル 금메달)   (2) ギンメダル (銀メダル 은메달)

③ ◀)) (1) ケタ (桁 자릿수)   (2) ゲタ (下駄 나막신)

④ 🔊 (1) テンセン (点線 점선)　　　(2) デンセン (電線 전선)

⑤ 🔊 (1) コキョー (故郷 고향)　　　(2) ゴキョー (五経 오경)

⑥ 🔊 (1) タイヤク (対訳 대역)　　　(2) ダイヤク (代役 대역)

⑦ 🔊 (1) トクセン (特選 특선)　　　(2) ドクセン (独占 독점)

⑧ 🔊 (1) ケッカン (血管 혈관)　　　(2) ゲッカン (月間 월간)

⑨ 🔊 (1) テル (照る 비치다)　　　(2) デル (出る 나가다)

⑩ 🔊 (1) トーガン (冬瓜 동아)　　　(2) ドーガン (童顔 동안)

3. 원어민의 음성을 듣고 따라서 발음해 보시오. 🔊

☐ カバン (鞄 가방)

☐ キンメダル (金メダル 금메달)

☐ ケタ (桁 자릿수)

☐ テンセン (点線 점선)

☐ コキョー (故郷 고향)

☐ タイヤク (対訳 대역)

☐ トクセン (特選 특선)

☐ ケッカン (血管 혈관)

☐ テル (照る 비치다)

☐ トーガン (冬瓜 동아)

☐ ガバン (画板 화판)

☐ ギンメダル (銀メダル 은메달)

☐ ゲタ (下駄 나막신)

☐ デンセン (電線 전선)

☐ ゴキョー (五経 오경)

☐ ダイヤク (代役 대역)

☐ ドクセン (独占 독점)

☐ ゲッカン (月間 월간)

☐ デル (出る 나가다)

☐ ドーガン (童顔 동안)

○ 제02장

어중/어미의 청음(カ行과 ガ行、タ行과 ダ行)

1 **발음법**

カ行과 タ行의 음을 어두에서 한국인이 발음할 때는 한국어의 격음을 부드럽고 약하게 발음하면 무난하다. 하지만 カ行과 タ行음이 어중이나 어미의 위치에 오게 되면 한국인들은 유성음 즉 탁음으로 발음하는 경향이 나타난다. 그 이유는 한국어의 평음인 'ㄱ, ㄷ, ㅂ, ㅈ'이 모음과 모음 사이에 둘러 쌓이거나 비음과 모음 사이에 둘러 쌓일 때 유성음으로 소리가 나는 현상에 기인한다. 만약 カ行과 タ行음을 어중이나 어미의 위치에서 유성음으로 발음하게 되면 다른 의미의 단어가 되거나 해서 커뮤니케이션이 원활하게 이루어지지 않는다.

예) ◀》 カキ 柿 감 → カギ 鍵 열쇠 : [카키]를 [카기]로 발음함.

◀》 カンコク 韓国 한국 → カンゴク 監獄 감옥 : [칸코쿠]를 [칸고쿠]로 발음함.

이러한 현상을 막기 위해서는 カ行과 タ行의 음을 어중이나 어미의 위치에서도 어두에서와 같이 한국어의 격음 또는 농음을 부드럽고 약하게 발음해야 한다.

예) ◀》 カキ 柿 감 [카키]   カンコク 韓国 한국 [칸코쿠]

1. 아래의 단어와 원어민의 음성이 일치하면 1을, 일치하지 않으면 2를 선택하시오.

① 🔊 カカク (価格 가격)　　② 🔊 カンコク (韓国 한국)

③ 🔊 カギ (鍵 열쇠)　　④ 🔊 シンゴー (信号 신호)

⑤ 🔊 マタ (又 또)　　⑥ 🔊 イタマエ (板前 숙수)

⑦ 🔊 アタマ (頭 머리)　　⑧ 🔊 ヒトツ (一つ 하나)

⑨ 🔊 カンゴク (監獄 감옥)　　⑩ 🔊 シンコー (信仰 신앙)

2. 원어민의 음성을 듣고 그 읽는 단어가 1, 2번 중에 어느 쪽인지 고르시오.

① 🔊 (1) コーカイ (後悔 후회)　　(2) コーガイ (郊外 교외)

② 🔊 (1) イト (意図 의도)　　(2) イド (井戸 우물)

③ 🔊 (1) イテン (移転 이전)　　(2) イデン (遺伝 유전)

④ 🔊 (1) マタ (又 또)　　(2) マダ (未だ 아직)

⑤ 🔊 (1) ジューダイ (重大 중대)　　(2) ジュータイ (重体 중태)

⑥ 🔊 (1) カギ (鍵 열쇠)　　(2) カキ (柿 감)

⑦ 🔊 (1) シンゴー (信号 신호)　　(2) シンコー (信仰 신앙)

⑧ 🔊 (1) アダマ　　(2) アタマ (頭 머리)

⑨ 🔊 (1) カカク (価格 가격)　　(2) カガク (科学 과학)

⑩ 🔊 (1) カンコク (韓国 한국)　　(2) カンゴク (監獄 감옥)

3. 원어민의 음성을 듣고 따라서 발음해 보시오. 🔊

☐ イド (井戸 우물)

☐ マタ (又 또)

☐ イト (意図 의도)

☐ カギ (鍵 열쇠)

☐ イデン (遺伝 유전)

☐ シンゴー (信号 신호)

- [ ] カカク (価格 가격)
- [ ] カンコク (韓国 한국)
- [ ] イテン (移転 이전)
- [ ] マダ (未だ 아직)
- [ ] カキ (柿 감)
- [ ] ヒトツ (一つ 하나)
- [ ] シンコー (信仰 신앙)
- [ ] アタマ (頭 머리)
- [ ] ジュータイ (重体 중태)
- [ ] コーガイ (郊外 교외)
- [ ] カガク (科学 과학)
- [ ] カンゴク (監獄 감옥)
- [ ] コーカイ (後悔 후회)
- [ ] ジューダイ (重大 중대)

제03장

장음과 단음의 발음

1 발음법

현대 한국어는 기본적으로 장단에 의해서는 의미구별을 하지 않는다. 하지만 일본어는 장단에 의해서 의미가 완전히 달라지기 때문에 특히 주의해야 한다. 예를 들면 다음과 같다.

◀)) ゆうき [ユーキ] 勇気 용기　　　　ゆき [ユキ] 雪 눈

일본어의 장음표기는 기본적으로 다음과 같이 나타낸다.

あ단 음절의 장음표기 : あ단의 음 뒤에 「あ」를 덧붙인다.

　예) ◀)) おかあさん [オカーサン] 어머니

い단 음절의 장음표기 : い단의 음 뒤에 「い」를 덧붙인다.

　예) ◀)) いいえ [イーエ] 아니요

う단 음절의 장음표기 : う단의 음 뒤에 「う」를 덧붙인다.

예) ◀)) ゆうき [ユーキ] 勇気 용기

え단 음절의 장음표기 : え단의 음 뒤에 「え」나 「い」를 덧붙인다.

예) ◀)) おねえさん [オネーサン] 누나   えいご [エーゴ] 英語 영어

お단 음절의 장음표기 : お단의 음 뒤에 「お」나 「う」를 덧붙인다.

예) ◀)) こおり [コーリ] 氷 얼음   こうこう [コーコー] 高校 고교

한국어는 장단의 구별을 하지 않기 때문에 일본어의 장음발음에는 주의를 해야 하는데 특히 한어의 장음형태로 많이 등장하는 [う단 음절의 장음표기], [え단 음절의 장음표기 : え단의 음 뒤의 「い」 [お단 음절의 장음표기 : お단의 음 뒤의 「う」]에는 주의를 요한다.

◀)) くうき[クーキ] 空気 공기   くき[クキ] 茎 줄기
◀)) えいご[エーゴ] 英語 영어   エゴ[エゴ] ego 에고
◀)) そうごう[ソーゴー] 総合 종합   そご[ソゴ] 祖語 조어

이 음들의 구별은 한국인에게 쉽지 않기 때문에 많이 듣고 구별하여 발음해 볼 필요가 있다.

---

2 듣기연습

1. 아래의 단어와 원어민의 음성이 일치하면 1을, 일치하지 않으면 2를 선택하시오.

① ◀)) オートー (応答 응답)   ② ◀)) スシ (寿司 초밥)
③ ◀)) コードー (講堂 강당)   ④ ◀)) エキ (駅 역)
⑤ ◀)) コーイ (好意 호의)   ⑥ ◀)) コーゴ (口語 구어)

⑦ ◀)) フトー(不当 부당)　　　⑧ ◀)) エーゴ(英語 영어)

⑨ ◀)) コーコー(高校 교교)　　⑩ ◀)) ジュヨ(授与 수여)

2. 원어민의 음성을 듣고 그 읽는 단어가 1, 2번 중에 어느 쪽인지 고르시오.

① ◀)) (1) コーゴ(口語 구어)　　　(?) コゴ(古語 고어)

② ◀)) (1) フトー(不当 부당)　　　(2) フートー(封筒 봉투)

③ ◀)) (1) エーゴ(英語 영어)　　　(2) エゴ(ego 에고)

④ ◀)) (1) コーコー(高校 교교)　　(2) コーコ(公庫 공고)

⑤ ◀)) (1) ジュヨ(授与 수여)　　　(2) ジュヨー(需要 수요)

⑥ ◀)) (1) オートー(応答 응답)　　(2) オート(嘔吐 구토)

⑦ ◀)) (1) スシ(寿司 초밥)　　　(2) スーシ(数詞 수사)

⑧ ◀)) (1) コードー(講堂 강당)　　(2) コドー(鼓動 고동)

⑨ ◀)) (1) エキ(駅 역)　　　　　(2) エーキ(鋭気 예기)

⑩ ◀)) (1) コーイ(好意 호의)　　(2) コイ(恋 사랑)

3. 원어민의 음성을 듣고 따라서 발음해 보시오. ◀))

□ コーゴ(口語 구어)

□ フトー(不当 부당)

□ エーゴ(英語 영어)

□ コーコー(高校 교교)

□ ジュヨ(授与 수여)

□ オートー(応答 응답)

□ スシ(寿司 초밥)

□ コードー(講堂 강당)

□ エキ(駅 역)

□ コーイ(好意 호의)

□ コゴ(古語 고어)

□ フートー(封筒 봉투)

☐ エゴ (ego 에고)

☐ コーコ (公庫 공고)

☐ ジュヨー (需要 수요)

☐ オート (嘔吐 구토)

☐ スーシ (数詞 수사)

☐ コドー (鼓動 고동)

☐ エーキ (鋭気 예기)

☐ コイ (恋 사랑)

제04장

ザ・ゼ・ソ와 ジャ・ジェ・ジョ의 발음

1   발음법

語頭나 撥音의 뒤에 나타나는 ざ[dza], ぜ[dze], ぞ[dzo]의 자음은 한국어에는 존재하지 않기 때문에 한국인들은 요음 じゃ[dʒa]・じぇ[dʒe]・じょ[dʒo]로 발음하는 경향이 있다. 하지만 이 음으로 발음하면 다른 의미가 되어 버리기 때문에 주의를 요한다.

◀)) おうざ [オーザ] 王座 왕좌   おうじゃ [オージャ] 王者 임금
◀)) しんぞう[シンゾー] 心臓 심장   しんじょう [シンジョー] 心情 심정

ざ[dza], ぜ[dze], ぞ[dzo]의 자음은 혀 끝을 세워 윗니 바로 뒤의 딱딱한 살 부분에 붙였다가 조금 열어 그 사이로 폐로부터의 공기가 지나가게 하여 마찰시켜 소리를 낸다는데 주목해야 한다.

요음 じゃ[dʒa]・じぇ[dʒe]・じょ[dʒo]의 자음의 발음은 ざ[dza], ぜ[dze], ぞ[dzo]의 음보다 더 안쪽으로 혀를 더 넓게 붙였다가 조금 열어 그 사이로 폐로부터의 공기가 지나가게 하여 마찰시켜 소리를 낸다는 점이 다르다.

한국어로 ざ[dza], ぜ[dze], ぞ[dzo]의 발음은 우선 혀 끝을 세워 [사]음과 같은 위치에 혀 끝을 가볍게 붙였다가 떼면서 [으자], [으제], [으조]와 같이 발음한다. 요음 じゃ[dʒa]・じぇ

[dʒe]・じょ[dʒo]의 발음은 한국어로 [자], [제], [조]를 발음하는 느낌으로 [ㅇ자], [ㅇ제], [ㅇ조]와 같이 발음하면 된다.

이 음의 구별은 한국인에게 어렵기 때문에 몇 번이고 원어민의 발음을 듣고 익숙해 져야만 한다.

---

2 듣기연습

1. 아래의 단어와 원어민의 음성이 일치하면 1을, 일치하지 않으면 2를 선택하시오.

① 🔊 シンゾー (心臓 심장)　　　② 🔊 オーザ (王座 왕좌)

③ 🔊 ゾーキ (臓器 장기)　　　　④ 🔊 レジャー (Leisure 레저)

⑤ 🔊 セーザ (正座 정좌)　　　　⑥ 🔊 ドーゾ (부디)

⑦ 🔊 ジャマ (邪魔 방해)　　　　⑧ 🔊 ジョーリ (条理 조리)

⑨ 🔊 ソーゾー (想像 상상)　　　⑩ 🔊 ゼロ (ZERO 제로)

2. 원어민의 음성을 듣고 그 읽는 단어가 1, 2번 중에 어느 쪽인지 고르시오.

① 🔊 (1) シンゾー (心臓 심장)　　(2) シンジョー (心情 심정)

② 🔊 (1) オージャ (王者 임금)　　(2) オーザ (王座 왕좌)

③ 🔊 (1) ゾーキ (臓器 장기)　　　(2) ジョーキ (上記 상기)

④ 🔊 (1) ジャマ (邪魔 방해)　　　(2) ザマ　様 (꼬락서니)

⑤ 🔊 (1) ジョーリ (条理 조리)　　(2) ゾーリ (草履 일본짚신)

⑥ 🔊 (1) ゼロ (ZERO 제로)　　　(2) ジェロ

⑦ 🔊 (1) レジャー (Leisure 레저)　(2) Leather (レザー 가죽)

⑧ 🔊 (1) ソーゾー (想像 상상)　　(2) ソージョー (葬場 장례식장)

⑨ 🔊 (1) セージャ (聖者 성자)　　(2) セーザ (正座 정좌)

⑩ 🔊 (1) ドーゾ (부디)　　　　　(2) ドージョ (童女 계집아이)

3. 원어민의 음성을 듣고 따라서 발음해 보시오. 🔊

☐ シンゾー (心臓 심장)

☐ シンジョー (心情 심정)

☐ オーザ (王座 왕좌)

☐ オージャ (王者 임금)

☐ ゼロ (Zero 제로)

☐ ジェットキ (jet機 제트기)

☐ ジャマ (邪魔 방해)

☐ ザマ (様 꼬락서니)

☐ レザー (Leather 가죽)

☐ レジャー (Leisure 레저)

☐ ジョーリ (条理 조리)

☐ ゾーリ (草履 일본 짚신)

☐ セーザ (正座 정좌)

☐ セージャ (聖者 성자)

☐ ソーゾー (想像 상상)

☐ ソージョー (葬場 장례식장)

☐ ドーゾ (부디)

☐ ドージョ (童女 계집아이)

☐ ゾーキ (臓器 장기)

☐ ジョーキ (上記 상기)

○ **제05장**

ツ・チュ와 ズ・ジュ의 발음

1 발음법

ツ의 자음[ts]는 혀 끝을 윗 니 바로 뒤의 딱딱한 살 부분에 붙였다가 조금 열어 그 사이로 폐로부터의 공기가 지나가게 하여 마찰시켜 소리를 낸다. 이 때 성대는 떨리지 않는다. 특히 이 음은 일본어의 'う'단임에도 불구하고 모음의 발음을 '우'가 아닌 '으'에 가깝게 발음한다는 것에 주의해야 한다. 일본어의 'つ'음은 한국어로는 '쯔'가 가장 가까운 음이지만 혀 끝을 세워 윗 니 바로 뒤의 딱딱한 살 부분에 조금 붙인다는 것이 차이가 난다. 특히 한국어의 '쓰'나 チュ[ʧɯ]의 와 같이 '추', '쭈'로 발음하지 않도록 주의해야 한다.

🔊 机 책상 　 ツクエ(○) 　 チュクエ(×)

ズ의 자음[dz]은 혀 끝을 세워 윗니 바로 뒤의 딱딱한 살 부분에 붙였다가 조금 열어 그 사이로 폐로부터의 공기가 지나가게 하여 마찰시켜 소리를 내며 성대를 떨리게 한다. 이 음은 일본어의 'う'단임에도 불구하고 모음의 발음을 '우'가 아닌 '으'에 가깝게 발음한다는 것에 주의해야 한다. 한국어로 [으즈]에 가깝게 발음하되 혀 끝을 세워 윗니 바로 뒤의 딱딱한 살 부분에 붙였다가 조금 연다는 점에 주목해야 한다. 특히 ジュ[dʒɯ]와 같이 '주'로 발음하지 않도록 주의해야 한다.

🔊 ズノウ 頭脳 두뇌　　　　　　　ジュノウ 受納 수납(한문투)

　이 음들의 구별은 한국인에게 그렇게 어렵지는 않지만 주의하지 않으면 틀리기 쉽다. 특히 이 음들의 구별보다도 일본어 「ツ」발음을 정확하게 할 필요가 있다.

2 듣기연습

1. 아래의 단어와 원어민의 음성이 일치하면 1을, 일치하지 않으면 2를 선택하시오.

① 🔊 ズノー (頭脳 두뇌)　　　　　② 🔊 トーチュー (頭注 두주)

③ 🔊 ジュジョー (樹上 나무위)　　④ 🔊 ジュシ (樹脂 수지)

⑤ 🔊 ツーショー (通商 통상)　　　⑥ 🔊 ジュズ (数珠 염주)

⑦ 🔊 ジュシン (受信 수신)　　　　⑧ 🔊 チューカ (中華 중화)

⑨ 🔊 ズシ (図示 도시)　　　　　　⑩ 🔊 ジュヨー (需要 수요)

2. 원어민의 음성을 듣고 그 읽는 단어가 1, 2번 중에 어느 쪽인지 고르시오.

① 🔊 (1) チューシ (中止 중지)　　　(2) ツーシ (通史 통사)

② 🔊 (1) ジュノウ (受納 수납)　　　(2) ズノー (頭脳 두뇌)

③ 🔊 (1) ジュヨー (需要 수요)　　　(2) ズヨー (図様 무늬)

④ 🔊 (1) チューショー (抽象 추상)　(2) ツーショー (通商 통상)

⑤ 🔊 (1) ジュシ (樹脂 수지)　　　　(2) ズシ (図示 도시)

⑥ 🔊 (1) ジュズ (数珠 염주)　　　　(2) ジュジュ (授受 주고받음)

⑦ 🔊 (1) トーチュー (頭注 두주)　　(2) トーツー (疼痛 동통)

⑧ 🔊 (1) ジュシン (受信 수신)　　　(2) ズシン (쿵(의성어))

⑨ 🔊 (1) ジュジョー (樹上 나무 위)　(2) ズジョー (頭上 머리 위)

⑩ 🔊 (1) ツーカ (通過 통과)　　　　(2) チューカ (中華 중화)

3. 원어민의 음성을 듣고 따라서 발음해 보시오. 🔊

☐ ずのう (頭脳 두뇌)

☐ じゅのう (受納 수납(한문투))

☐ とうちゅう (頭注 두주)

☐ とうつう (疼痛 동통)

☐ ちゅうしょう (抽象 추상)

☐ つうしょう (通商 통상)

☐ つうし (通史 통사)

☐ ちゅうし (中止 중지)

☐ じゅず (数珠 염주)

☐ じゅじゅ (授受 수수, 주고 받음)

☐ じゅじょう (樹上 나무 위)

☐ ずじょう (頭上 머리 위)

☐ じゅしん (受信 수신)

☐ ずしん (쿵(의성어))

☐ ずし (図示 도시)

☐ じゅし (樹脂 수지)

☐ じゅよう (需要 수요)

☐ ずよう (図様 무늬)

☐ つうか (通過 통과)

☐ ちゅうか (中華 중화)

제06장

촉음(促音)과 비촉음(非促音)의 발음

1 발음법

한국인에게 있어 일본어의 촉음과 비촉음을 구별하여 발음하는 것은 다른 발음보다는 그렇게 어렵지는 않은 편이다. 문제점은 한국인이 촉음이 들어간 단어를 발음을 할 때 앞 음에 한국어의 받침을 붙이는 식으로 해서 발음한다는 점이다. 이것은 일본어가 시간의 길이를 같게 하는 박(拍)의 개념을 가지는 반면 한국어는 이 개념을 가지지 않고 한 음을 덩어리로 인식하는 음절의 개념만을 갖기 때문에 생겨난다. 예를 들면 다음과 같다.

◀)) いっぱい 一杯 한잔　　일본어 : 4박　　한국어 : 입빠이(3음절)

이러한 현상 때문에 일본인은 한국인이 촉음을 발음하면 꽤 짧게 느껴지게 되며 때에 따라서는 촉음이 안 들어간 것처럼 들리게 되어 커뮤니케이션이 곤란하게 될 경우도 있다. 한국인들이 이러한 실수를 범하지 않기 위해서는 철저하게 같은 길이의 박으로 발음할 필요가 있다.

일본어의 촉음발음은 원칙적으로 무성자음 [p, t, k, s, ʃ] 앞에 나타나, 뒤에 나오는 자음의 형태로 한 박자분 그 상태를 지속하는 것으로 명백한 음으로 들을 수가 없고 독립된 음성을 가지고 있지 않다. 또한 강조어형이나 외래어에 있어서는 유성자음(有声子音) 앞에서도 촉음이 나타난다. 예를 들면 다음과 같다.

[1] 후속하는 음이 [p], 즉 ぱ行音일 경우 促音은 [p]음 상태로 한 박자분 지속한다. ◀))

いっぱい [ippai] 一杯 한 잔　　いっぴき [ippiki] 一匹 한 마리

きっぷ [kippɯ] 切符 표　　みっぺい [mippe:] 密閉 밀폐

いっぽ [ippo] 一歩 한 걸음

[2] 후속하는 음이 [t], 즉 た行音일 경우 促音은 [t]음 상태로 한 박자분 지속한다. ◀))

いったい [ittai] 一体 도대체　　いっち [ittʃi] 一致 일치

みっつ [mittsü] 三つ 셋　　きって [kitte] 切手 우표

もっと [motto] 훨씬

[3] 후속하는 음이 [k], 즉 か行音일 경우 促音은 [k]음 상태로 한 박자분 지속한다. ◀))

いっかい [ikkai] 一回 한 번　　にっき [nikki] 日記 일기

ゆっくり [jukkɯri] 천천히　　いっけん [ikkeN] 一軒 한 채

いっこ [ikko] 一個 한 개

[4] 후속하는 음이 [s]・[ʃ], 즉 さ行音일 경우 促音은 [s]・[ʃ]음 상태로 한 박자분 지속한다.◀))

いっさい [issai] 一切 일체　　ざっし [dzaʃʃi] 雑誌 잡지

まっすぐ [massügu] 똑바로　　いっせき [isseki] 一隻 한 척

さっそく [sassokɯ] 즉시

[5] 강조어형이나 외래어의 경우 有声子音 앞에서도 促音이 나타난다. ◀))

すっごい [süggoi] 대단하다　　すっばらしい [sübbaraʃi:] 훌륭하다

バッグ [baggɯ] 백　　ベッド [beddo] 베드

촉음과 비촉음의 구별은 물론이거니와 촉음을 박에 맞게 발음하고 듣는 연습이 필요하다.

2 듣기연습

1. 아래의 단어와 원어민의 음성이 일치하면 1을, 일치하지 않으면 2를 선택하시오.

① 🔊 イッコー (一行 일행)

② 🔊 キッテ (切って 잘라서)

③ 🔊 イチ (一 일)

④ 🔊 イッタイ (一体 도대체)

⑤ 🔊 モット (더욱)

⑥ 🔊 シッテ (知って 알고)

⑦ 🔊 カッコ (括弧 괄호)

⑧ 🔊 サッスル (察する 헤아리다)

⑨ 🔊 カエテ (替えて 바꾸어)

⑩ 🔊 アッサリ (산뜻하게)

2. 원어민의 음성을 듣고 그 읽는 단어가 1, 2번 중에 어느 쪽인지 고르시오.

① 🔊 (1) イッコー (一行 일행)　　(2) イコー (意向 의향)

② 🔊 (1) イッチ (一致 일치)　　(2) イチ (一 하나)

③ 🔊 (1) イタイ (遺体 유체)　　(2) イッタイ (一体 도대체)

④ 🔊 (1) カエテ (替えて 바꾸어)　　(2) カエッテ (帰って 돌아와서)

⑤ 🔊 (1) カッコ (括弧 괄호)　　(2) カコ (過去 과거)

⑥ 🔊 (1) キテ (来て 와(서))　　(2) キッテ (切って 잘라(서))

⑦ 🔊 (1) モト (元 근원)　　(2) モット (더욱)

⑧ 🔊 (1) シテ (하(고))　　(2) シッテ (知って 알(고))

⑨ 🔊 (1) サスル (摩る 어루만지다)　　(2) サッスル (察する 헤아리다)

⑩ 🔊 (1) アッサリ (산뜻하게)　　(2) アサリ (모시조개)

3. 원어민의 음성을 듣고 따라서 발음해 보시오. 🔊

☐ イッコー (一行 일행)

- ☐ イッチ (一致 일치)
- ☐ イタイ (痛い 아프다)
- ☐ カエテ (替えて 바꾸어)
- ☐ カッコ (括弧 괄호)
- ☐ キテ (来て 와(서))
- ☐ モト (元 근원)
- ☐ シテ (하(고))
- ☐ サスル (摩る 어루만지다)
- ☐ アッサリ (산뜻하게)
- ☐ イコウ (意向 의향)
- ☐ イチ (一 하나)
- ☐ イッタイ (一体 도대체)
- ☐ カエッテ (帰って 돌아와서)
- ☐ カコ (過去 과거)
- ☐ キッテ (切って 잘라(서))
- ☐ モット (더욱)
- ☐ シッテ (知って 알(고))
- ☐ サッスル (察する 헤아리다)
- ☐ アサリ (모시조개)

제07장

발음(撥音)의 발음

1 발음법

한국인에게 있어 일본어의 撥音을 구별하여 발음하는 것은 다른 발음보다는 그렇게 어렵지는 않은 편이다. 후속하는 음에 따라 撥音의 발음은 [m], [n], [ɲ], [ŋ], [N], 鼻母音(콧소리가 섞인 모음)중의 하나로 발음하면 된다. 예를 들면 다음과 같다.

[1] 후속하는 음이 [m], [b], [p], 즉 ま・ば・ぱ行일 때 「ん」은 [m]으로 발음된다. ◀))

しんまい [ʃimmai] 新米 햅쌀 　　　ほんみょう [hommjo] 本名 본명
せんむ [semmɯ] 専務 전무 　　　じんめい [dʒimme:] 人名 인명
ほんもの [hommono] 本物 진짜

かんばい [kambai] 完売 다팔림 　　　しんび [ʃimbi] 審美 심미
しんぶつ [ʃimbɯtsɯ] 神仏 신불 　　　せんべい [sembe:] 煎餅 전병
しんぼう [ʃimbo:] 辛抱 참음

しんぱい [ʃimpai] 心配 걱정 　　　しんぴ [ʃimpi] 神秘 신비
しんぷ [ʃimpɯ] 新婦 신부 　　　しんぺい [ʃimpe:] 新兵 신병

しんぽ [ʃimpo] 進歩 진보

[2] 후속하는 음이 [t], [d], [ts], [dz], [n], [ɾ], 즉 い단을 제외한 た・だ・ざ・な행과 ら행일 때 「ん」은 [n]으로 발음된다. 🔊

しんたい [ʃintai] 身体 신체 じんつう [dʒintsɯ:] 陣痛 진통
じんてき [dʒinteki] 人的 인적 しんと [ʃinto] 信徒 신도

しんだい [ʃindai] 寝台 침대 しんでん [ʃindeN] 神殿 신전
しんどう [ʃindo:] 振動 진동

けんざい [kendzai] 健在 건재 しんずい [ʃindzɯi] 真髄 진수
しんぜん [ʃindzeN] 親善 친선 しんぞく [ʃindzokɯ] 親族 친족

かんない [kannai] 館内 관내 せんぬき [sennɯki] 栓抜き 병따개
しんねん [ʃinneN] 新年 신년 しんのう [ʃinno:] 親王 친왕

しんらい [ʃinɾai] 信頼 신뢰 しんり [ʃinɾi] 真理 진리
しんるい [ʃinɾɯi] 進塁 진루 しんれい [ʃinɾei] 心霊 심령
しんろ [ʃinɾo] 進路 진로

[3] 후속하는 음이 [ɲ], 즉 に 나 ナ행요음일 때 「ん」은 [ɲ]으로 발음된다. 🔊

しんにん [ʃiɲɲiN] 新任 신임 しんにゅう [ʃiɲɲjɯ:] 侵入 침입

[4] 후속하는 음이 [k], [g], [ŋ], 즉 か・が행일 때 「ん」은 [ŋ]로 발음된다. 🔊

しんか [ʃiŋka] 真価 진가 しんき [ʃiŋki] 新規 신규
しんくう [ʃiŋkɯ:] 真空 진공 しんけい [ʃiŋke:] 神経 신경
しんこう [ʃiŋko:] 信仰 신앙

しんがく [ʃiŋŋakɯ] 進学 진학 しんぎ [ʃiŋŋi] 信義 신의
しんぐ [ʃiŋŋɯ] 寝具 침구 しんげき [ʃiŋŋeki] 進撃 진격

しんご [ʃiŋŋo] 新語 신어

[5] 후속하는 음이 없을 때 「ん」은 [N]인 구개수음으로 발음된다. 🔊

ほん [hoN] 本 책

[6] 후속하는 음이 모음[a], [i], [ɯ], [e], [o], 반모음[j], [w], 마찰음[h], [ç], [ɸ], [s], [ʃ], 즉 あ・や・わ・さ・は행일 때 「ん」은 鼻母音[ṽ]으로 발음된다. 🔊

れんあい [reṼai] 恋愛 연애　　しんい [ʃiṼi] 真意 진의
しんうち [ʃiṼɯʧi] 真打 최후출연자　　しんえい [ʃiṼe:] 新鋭 신예
しんおん[ʃiṼoN] 唇音 순음

しんや [ʃiṼja] 深夜 심야　　しんゆう [ʃiṼjɯː] 親友 친한 친구
かんよ [kaṼjo] 関与 관여　　しんわ [ʃiṼwa] 神話 신화

しんさ [ʃiṼsa] 審査 심사　　しんし [ʃiṼʃi] 紳士 신사
しんすい [ʃiṼsɯi] 浸水 침수　　しんせつ [ʃiṼsetsɯ] 親切 친절
しんそつ [ʃiṼsotsɯ] 新卒 새 졸업자

ぜんはん [dzeṼhaN] 前半 전반　　よんひき [joṼçiki] 四匹 네마리
しんふぜん [ʃiṼɸɯzeN] 心不全 심부전　　しんへいき [ʃiṼhe:ki] 新兵器 신병기
じかんほ [dʒikaṼho] 次官補 차관보

이 예 중에서 [N], 鼻母音의 음이 [ŋ]과 구분이 가지 않는 점도 있지만 의미 구별에 크게 지장을 주지 않는다.

문제점은 한국인이 撥音이 들어간 단어를 발음을 할 때 앞 음에 한국어의 받침을 붙이는 식으로 해서 발음한다는 점이다. 이것은 일본어가 시간의 길이를 같게 하는 박(拍)의 개념을 가지는 반면 한국어는 이 개념을 가지지 않고 한 음을 덩어리로 인식하는 음절의 개념만을 갖기 때문에 생겨난다. 예를 들면 다음과 같다.

🔊 せんぱい 先輩 선배　　일본어 : 4박　　한국어 : 센빠이(3음절)

이러한 현상 때문에 撥音 뒤에 모음이 나타나는 예를 다음과 같이 발음하는 경향도 생겨난다.

◀》 きんえん 禁煙 금연 → きねん 記念 기념

또한 撥音 뒤에 모음이 오는 예를 잘못 발음하여 자음 성분을 모음 부분에 붙여서 다음과 같이 발음하는 경향도 나타난다.

◀》 きんえん 禁煙 금연 → きねん 近年 근래, 근년

끝으로 한국어에서 "혼란"을 [홀란]과 같이 流音化해서 발음하는 현상 또는 "중립"을 [중닙]과 같이 鼻音化시켜서 발음하는 경향 때문에 다음과 같이 잘못 발음하는 현상도 나타난다.

◀》 こんらん 混乱 혼란 → こるらん [홀란]
◀》 こんらん 混乱 혼란 → こんなん 困難 곤란

위와 같이 撥音의 발음은 한국인에게 있어서 한국어의 음운현상 때문에 잘못 발음하는 경향이 짙다. 이렇게 되지 않도록 반복하여 듣고 주의하여 발음할 필요가 있다.

---

2 듣기연습

1. 아래의 단어와 원어민의 음성이 일치하면 1을, 일치하지 않으면 2를 선택하시오.

① ◀》 キンエン (禁煙 금연)　　　② ◀》 シンアイ (親愛 친애)

③ ◀》 キンネン (近年 근년)　　　④ ◀》 コンラン (混乱 혼란)

⑤ ◀》 シンライ (信頼 신뢰)　　　⑥ ◀》 センエン (千円 천엔)

⑦ ◀》 クンレン (訓練 훈련)　　　⑧ ◀》 カンレイ (慣例 관례)

⑨ ◀》 サンリン (山林 산림)　　　⑩ ◀》 シンナイ (心内 마음 속)

2. 원어민의 음성을 듣고 그 읽는 단어가 1, 2번 중에 어느 쪽인지 고르시오.

① 🔊 (1)シンライ (信頼 신뢰)　　　　(2) シンナイ (心内 마음 속)

② 🔊 (1)センエン (千円 천엔)　　　　(2) センネン (専念 전념)

③ 🔊 (1)クンレン (訓練 훈련)　　　　(2) クネン (九年 구년)

④ 🔊 (1)カンレイ (慣例 관례)　　　　(2) カンエイ (官営 관영)

⑤ 🔊 (1)サンリン (山林 산림)　　　　(2) サンニン (三人 세 사람)

⑥ 🔊 (1)キンエン (禁煙 금연)　　　　(2) キネン (記念 기념)

⑦ 🔊 (1)シンアイ (親愛 친애)　　　　(2) シナイ (市内 시내)

⑧ 🔊 (1)カンライ (寒雷 한뢰)　　　　(2) カンナイ (館内 관내)

⑨ 🔊 (1)キンネン (近年 근년)　　　　(2) キンエン (禁煙 금연)

⑩ 🔊 (1)コンラン (混乱 혼란)　　　　(2) コンナン (困難 곤란)

3. 원어민의 음성을 듣고 따라서 발음해 보시오. 🔊

☐ キネン (記念 기념)

☐ シナイ (市内 시내)

☐ キンネン (近年 근년)

☐ キンエン (禁煙 금연)

☐ コンナン (困難 곤란)

☐ シンナイ (心内 마음 속)

☐ センネン (専念 전념)

☐ カンエイ (官営 관영)

☐ サンニン (三人 세 사람)

☐ シンアイ (親愛 친애)

☐ コンラン (混乱 혼란)

☐ シンライ (信頼 신뢰)

☐ センエン (千円 천엔)

☐ クンレン (訓練 훈련)

☐ クネン (九年 구년)

☐ カンライ (寒雷 한뢰)

☐ カンナイ (館内 관내)

☐ カンレイ (慣例 관례)

☐ サンリン (山林 산림)

제08장

모음의 무성화

1 발음법

일본어에 있어서 단어나 구를 발음할 때 어떤 정해진 환경에서 유성음인 모음이 무성화되는 현상이 일어나는데 이것을 모음의 무성화라고 한다. 이 현상은 다음과 같은 경우에 일어난다.(밑줄친 부분이 무성화 됨)

[1] 「イ」「ウ」가 무성자음[k, s, ʃ, ts, tʃ, ç, ɸ, p]에 둘러쌓인 위치에 서게되면 무성화 된다. 즉 이러한 무성자음 앞에 오는 キ, ク, シュ, ス, チ, チュ, ツ, ヒ, フ, ピ, プ의 모음에 무성화가 일어난다.

　예) 🔊 <u>キ</u>カ＼イ(機械),　　タ<u>ク</u>サン ̄(沢山),　　<u>シ</u>チ＼(七),　　<u>ス</u>テル ̄(捨てる),
　　　　<u>チ</u>カ＼イ(近い)

[2] 「イ」「ウ」 뒤에 촉음이 올 경우도 무성화 된다.

　예) 🔊 <u>キ</u>ップ ̄(切符),　　<u>シ</u>ッケ ̄(湿気),　　<u>ス</u>ッタ ̄(吸った),　　<u>フ</u>＼ッタ(降った)

[3] 「イ」「ウ」가 무성자음과 결합해서 어말, 문말에 오고 높은 악센트가 오지 않을 때 무성화 된다.

예) ◀)) ア<u>キ</u>(秋)●○,   カ<u>ク</u>(書く)●○,   －デ<u>ス</u>●○,   －マ<u>ス</u>●○

[4] 광모음[ア], [オ]도 무성화 될 때가 있다. 무성화 부분은 악센트가 낮다.

예) ◀)) <u>ハ</u>カ(墓)○●,   ココロ(心)○●○,   <u>ホ</u>コリ(埃)○●●

[5] 예외

キクチサン(菊池さん)의 경우, キクチ가 무성음화 되어 잘 안 들리게 되는데 이럴 땐 일부의 무성음화를 생략해서 발음한다.

예) <u>キクチ</u>サン   → <u>キ</u>クチサン (菊池さん)
    <u>フクシ</u>コキュー   → <u>フク</u>シキコ＼キュー (腹式呼吸)

위와 같은 환경에서 무성화된 모음은 한국인에게 그 음이 잘 들리지 않게 되거나 또는 앞 음에 받침과 같이 붙여서 인식하게 된다. 예를 들면 다음과 같다.

<u>キ</u>カ＼イ(機械) 기계   키카이 → 카이
ガ<u>ク</u>セイ ̄(学生) 학생   가쿠세에 → 각세에

한국인에게는 이 부분이 가장 큰 문제가 되기 때문에 몇 번이고 반복하여 듣고 구별하여 발음할 필요가 있다.

1. 아래의 단어와 원어민의 음성이 일치하면 1을, 일치하지 않으면 2를 선택하시오.

① ◀)) カイ (貝 조개)　　　② ◀)) シチ (七 일곱)

③ ◀)) ステル (捨てる 버리다)　　④ ◀)) ヒカリ (光 빛)

⑤ ◀)) フク (吹く 불다)　　⑥ ◀)) キシ (岸 벼랑)

⑦ ◀)) カクセイ (覚醒 각성)　　⑧ ◀)) ハカ (墓 묘)

⑨ ◀)) コリ (凝り 결림)　　⑩ ◀)) カシ (貸し 꾸어 줌)

2. 원어민의 음성을 듣고 그 읽는 단어가 1, 2번 중에 어느 쪽인지 고르시오.

① ◀)) (1) キシ (岸 벼랑)　　(2) シ (死 죽음)

② ◀)) (1) カクセイ (覚醒 각성)　　(2) カッセイ (活性 활성)

③ ◀)) (1) ハカ (墓 묘)　　(2) カ (蚊 모기)

④ ◀)) (1) ホコリ (埃 먼지)　　(2) コリ (凝り 결림)

⑤ ◀)) (1) カカシ (案山子 허수아비)　　(2) カシ (貸し 꾸어 줌)

⑥ ◀)) (1) キカイ (機械 기계)　　(2) カイ (貝 조개)

⑦ ◀)) (1) チ (血 피)　　(2) シチ (七 일곱)

⑧ ◀)) (1) ステル (捨てる 버리다)　　(2) テル (照る 비치다)

⑨ ◀)) (1) ヒカリ (光 빛)　　(2) カリ (狩 사냥)

⑩ ◀)) (1) フク (吹く 불다)　　(2) ク (区 구)

3. 원어민의 음성을 듣고 따라서 발음해 보시오. ◀))

☐ カリ (狩 사냥)

☐ フク (吹く 불다)

☐ キシ (岸 벼랑)

☐ カクセイ (覚醒 각성)

☐ カイ (貝 조개)

☐ シチ (七 일곱)

☐ テル (照る 비치다)

☐ ハカ (墓 묘)

☐ ホコリ (埃 먼지)

☐ カカシ (案山子 허수아비)

☐ キカイ (機械 기계)

☐ シ (死 죽음)

☐ カ (蚊 모기)

☐ コリ (凝り 결림)

☐ カシ (貸し 꾸어 줌)

☐ チ (血 피)

☐ ステル (捨てる 버리다)

☐ ヒカリ (光 빛)

☐ ク (区 구)

☐ カッセイ (活性 활성)

제09장

외래어의 표기와 발음

1 **외래어의 표기와 발음**

　현재 외래어음을 일본어로 표기할 때는 1991년 내각각제116호에 제시한『외래어의 표기』의 표기법에 근거한다. 표기법에 제시한 표는 제1표와 제2표가 있는데, 외래어나 외국의 지명, 인명을 원음이나 원 철자에 가능한한 가깝게 표기할 경우 제 2표를 이용한다. 표는 다음과 같다.

ア	イ	ウ	エ	オ					シェ	
カ	キ	ク	ケ	コ					チェ	
サ	シ	ス	セ	ソ						
タ	チ	ツ	テ	ト	ツァ				ツェ	ツォ
ナ	ニ	ヌ	ネ	ノ		ティ				
ハ	ヒ	フ	ヘ	ホ	ファ	フィ			フェ	フォ
マ	ミ	ム	メ	モ					ジェ	
ヤ		ユ		ヨ		ディ				
ラ	リ	ル	レ	ロ			デュ			
ワ										
ガ	ギ	グ	ゲ	ゴ						
ザ	ジ	ズ	ゼ	ゾ						
ダ	ヂ	ヅ	デ	ド						
バ	ビ	ブ	ベ	ボ						
パ	ピ	プ	ペ	ポ						

第2表

			イェ	
	ウィ		ウェ	ウォ
クァ	クィ		クェ	クォ
	ツィ			
		トゥ		
グァ				
		ドゥ		
ヴァ	ヴィ	ヴ	ヴェ	ヴォ
		テュ		
		フュ		
		ヴュ		

第1表 (下段)

キャ	キュ	キョ
シャ	シュ	ショ
チャ	チュ	チョ
ニャ	ニュ	ニョ
ヒャ	ヒュ	ヒョ
ミャ	ミュ	ミョ
リャ	リュ	リョ
ギャ	ギュ	ギョ
ジャ	ジュ	ジョ
ビャ	ビュ	ビョ

ン(撥音)
ッ(促音)
ー(長音符号)

또한 제1표, 제2표에 의해 어를 나타낼 경우에는 대체로 유의사항1, 2를 적용한다.

[유의사항 1](원칙적인 사항)

1. 이 『외래어의 표기』에서는 외래어나 외국의 지명, 인명을 가타카나로 나타낼 경우의 것을 다룬다.

2. 「ハンカチ」와 「ハンケチ」, 「グローブ」와 「グラブ」와 같이 어형이 통일되지 않은 예에 대해서는 그 어형의 한 쪽을 정하지 않는다.

3. 어형이나 그 표기방법에 대해서는 관용적인 것이 있으면 여기에 따른다. 분야에 따라 관용적인 표기가 정해져 있는 경우에는 각각의 관용에 따라도 무방하다.

4. 국어화의 정도가 높은 어는 대체로 제1표에 제시한 가나로 나타낼 수가 있다. 한편, 국어화의 정도가 그다지 높지 않은 어, 어느정도 외국어에 가깝게 나타낼 필요가 있는 어-특히 지명, 인명의 경우-는 제2표에 제시한 가나를 이용해서 나타낼 수가 있다

5 제2표에 제시한 가나를 이용할 필요가 없는 경우, 제1표에 제시한 가나의 범위에서 표기할 수가 있다.

예) イェ → イエ　　ウォ → ウオ　　トゥ → ツ、ト　　ヴァ → バ

6. 특별한 음을 표기할 때는 정하지 않고 자유롭게 쓰도록 하는데 그 중에는 예를 들면, 「スィ」「ズィ」「グィ」「グェ」「グォ」「キェ」「ニェ」「ヒェ」「フョ」「ヴョ」 등의 가나가 포함된다.

[유의사항 2](세칙적인 사항)

이하의 각 항에 제시한 어는 각각의 가나 용법의 한 예를 제시한 것으로 그 어를 언제나 그렇게 써야한다는 것은 아니다.

Ⅰ. 제1표에 제시한 「シェ」이하의 가나에 관한 것

1. 「シェ」「ジェ」는 外来音 シェ, ジェ에 대응하는 가나이다.

2. 「チェ」는 外来音 チェ에 대응하는 가나이다.

3. 「ツァ」「ツェ」「ツォ」는 外来音 ツァ, ツェ, ツォ에 대응하는 가나이다.

4. 「ティ」「ディ」는 外来音 ティ, ディ에 대응하는 가나이다.

5. 「ファ」「フィ」「フェ」「フォ」는 外来音 ファ, フィ, フェ, フォ에 대응하는 가나이다.

6. 「デュ」는 外来音 デュ에 대응하는 가나이다.

Ⅱ. 제2표에 제시한 가나에 관한 것

제2표에 제시한 가나는 원음이나 원 철자에 가능한한 가깝게 나타내려고 할 경우에 이용하는 가나로, 이러한 가나를 이용할 필요가 없을 때는 일반적으로 제1표에 제시한 가나의 범위에서 나타낼 수가 있다.

1. 「イェ」는 外来音 イェ에 대응하는 가나이다.

2. 「ウィ」「ウェ」「ウォ」는 外来音 ウィ, ウェ, ウォ에 대응하는 가나이다.

3. 「クァ」「クィ」「クェ」「クォ」는 外来音 クァ, クィ, クェ, クォ에 대응하는 가나이다.

4. 「グァ」는 外来音 グァ에 대응하는 가나이다.

5. 「ツィ」는 外来音 ツィ에 대응하는 가나이다.

6. 「トゥ」「ドゥ」는 外来音 トゥ, ドゥ에 대응하는 가나이다.

7. 「ヴァ」「ヴィ」「ヴ」「ヴェ」「ヴォ」는 外来音 ヴァ, ヴィ, ヴ, ヴェ, ヴォ에 대응하는 가나이다.

8. 「テュ」는 外来音 テュ에 대응하는 가나이다.

9. 「フュ」는 外来音 フュ에 대응하는 가나이다.

10. 「ヴュ」는 外来音 ヴュ에 대응하는 가나이다.

Ⅲ. 撥音, 促音, 長音 그 밖에 관한 것

1. 撥音은 「ン」을 이용하여 쓴다.

2. 促音은 작게 「ッ」를 이용하여 쓴다.

3. 長音은 원칙적으로 장음부호 「ー」을 이용하여 쓴다.

4. イ列・エ列의 음 다음의 ア음에 해당하는 것은 원칙적으로 「ア」로 쓴다.

5. 어말(특히 원소명 등)의 −(i)um에 해당하는 것은 원칙적으로 「−(イ)ウム」로 쓴다.

6. 영어의 철자 X에 해당하는 것을 「クサ」「クシ」「クス」「クソ」로 쓸 지, 「キサ」「キシ」「キス」「キソ」로 쓸 지는 관용에 따른다.

7. 요음에 이용하는 「ヤ」「ユ」「ヨ」를 작게 쓴다. 또 「ヴァ」「ヴィ」「ヴェ」「ヴォ」나 「トゥ」와 같이 조합해서 이용할 경우의 「ア」「イ」「ウ」「エ」「オ」도 작게 쓴다.

8. 복합한 어인 것을 나타내기 위한 연결부호 이용법에 대해서는 각각 분야의 관용에 따르는 것으로 하고 여기에서는 정하지 않는다.

위의 유의사항 2에 근거하여 한 표기는 현실 음에 더 접근하였고 외래어를 중심으로 음절의 수가 33개 더 증가했다. 이 음들의 발음과 단어의 형태를 살펴보면 다음과 같다.

(1) ◀》 イェ[je]

이 음은 반모음 [j]음을 발음할 때와 마찬가지로 혀의 중간부분을 입천장 위의 중간 부분의 딱딱한 곳에 접근시켜 소리를 낸다. 이 때 성대는 떨리게 된다. 한국어로는 [예]와 같이 발음하면 된다.

    ◀》 イェロー yellow 노란색 (イエローと 사용)

(2) ◀》 クァ[kwa], クィ[kwɪ], クェ[kwe], クォ[kwo]

이 음들의 자음 음은 우선 [k]음을 발음할 때와 마찬가지로 혀 안쪽을 입천장 안 쪽의 부드러운 부분에 붙였다가 떼면서 소리를 낸다. 이 때 성대는 떨리지 않게 된다. 한국어로는 [콰], [퀴], [퀘], [쿼]음을 부드럽게 소리 내면 된다.

    ◀》 アクァマリン aquamarine 아쿠아마린(보석) (アクアマリンも 사용)
    ◀》 クィーン queen 여왕 (クイーンも 사용)
    ◀》 クェスチョン question 질문 (クエスチョンも 사용)
    ◀》 クォリティー quality 질 (クオリティーも 사용)

(3) ◀》 グァ[gwa]

이 음의 자음 음은 우선 [g]음을 발음할 때와 마찬가지로 혀 안쪽을 입천장 안 쪽의 부드러운 부분에 붙였다가 떼면서 소리를 낸다. 이 때 성대는 떨리게 된다. 한국어로는 [으과]와 같이 소리내면 된다.

    ◀》 グァム Guam 괌(지명) (グアムも 사용)

(4) ◀》 シェ[ʃe]

이 음의 자음 음[ʃ]은 「シ」음의 자음 음과 같이 혀 끝을 윗 니 바로 뒤의 딱딱한 살 부분보다 더 안쪽에 접근시킨 상태에 폐로부터의 공기를 보내 마찰시켜 소리를 낸다. 이 때 성대는 떨리지 않는다. 한국어로는 [셰]와 같이 소리를 내면 된다.

    ◀》 シェークスピア Shakespeare 셰익스피어(인명)

(5) ◀》 ジェ[ʤe]

이 음의 자음 음[ʤ]은 「ジ」음의 자음 음과 같이 혀 끝을 윗니 바로 뒤의 딱딱한 살 부분

보다 조금 더 안 쪽에 붙였다가 조금 열어 그 사이로 폐로부터의 공기가 지나가게 하여 마찰시켜 소리를 낸다. 이 때 성대는 떨리게 된다. 한국어로는 [으제]와 같이 소리를 내면 된다.

◀»)) ジェラシー jealousy 질투

(6) ◀»)) チェ[ʧe]

이 음의 자음 음[ʧ]은 「チ」음의 자음 음과 같이 혀 끝을 윗니 바로 뒤의 딱딱한 살 부분보다 조금 더 안 쪽에 붙였다가 조금 열어 그 사이로 폐로부터의 공기가 지나가게 하여 마찰시켜 소리를 낸다. 이 때 성대는 떨리지 않는다. 한국어로는 [체] 발음을 약하고 부드럽게 발음하면 된다.

◀»)) チェロ cello 첼로

(7) ◀»)) ツァ[tsa], ツィ[tsi], ツェ[tse], ツォ[tso]

이 음의 자음 음[ts]는 「ツ」음의 자음 음과 같이 혀 끝을 윗니 바로 뒤의 딱딱한 살 부분에 붙였다가 조금 열어 그 사이로 폐로부터의 공기가 지나가게 하여 마찰시켜 소리를 낸다. 이 때 성대는 떨리지 않는다. 한국어로는 [짜], [찌], [쩨], [쪼]와 같이 발음하면 무난하다.

◀»)) モーツァルト Mozart 모짜르트(인명)
◀»)) ソルジェニーツィン solzhenitsyn 솔제니친(인명)
◀»)) コンツェルン konzern 기업합동
◀»)) カンツォーネ canzone 칸초네

(8) ◀»)) ティ[ti]

이 음의 자음 [t]는 「タ, テ, ト」의 자음의 음과 같이 혀 끝을 윗니 바로 뒤의 딱딱한 살 부분에 붙였다가 급히 파열시켜 폐로부터의 공기를 나가게 하여 소리를 낸다. 이 때 성대는 떨리지 않는다. 한국어로는 [티] 발음을 약하고 부드럽게 발음하면 된다.

◀»)) パーティー party 파티

(9) ◀)) トゥ[tɯ]

이 음의 자음 [t]는 「タ, テ, ト」의 자음의 음과 같이 혀 끝을 윗니 바로 뒤의 딱딱한 살 부분에 붙였다가 급히 파열시켜 폐로부터의 공기를 나가게 하여 소리를 낸다. 이 때 성대는 떨리지 않는다. 한국어로는 [투] 발음을 약하고 부드럽게 발음하면 된다.

◀)) トゥー two 둘 (ツード 사용)

(10) ◀)) テュ[tjɯ]

이 음의 자음 [t]는 「タ、テ、ト」의 자음의 음과 같이 혀 끝을 윗니 바로 뒤의 딱딱한 살 부분에 붙였다가 급히 파열시켜 폐로부터의 공기를 나가게 하여 소리를 낸다. 이 때 성대는 떨리지 않는다. 한국어로는 [튜]로 발음하면 된다.

◀)) テューブ tube 튜브 (チューブ도 사용)

(11) ◀)) ディ[di]

이 음의 자음 [d]는 「だ、で、ど」의 자음의 음과 같이 혀 끝을 세워 윗니 뒤쪽에 붙였다 가 떼면서 소리를 낸다. 이 때 성대는 떨리게 된다. 한국어로는 [으디]와 같이 발음하면 된다.

◀)) ボディ body 몸

(12) ◀)) ドゥ[dɯ]

이 음의 자음 [d]는 「だ、で、ど」의 자음의 음과 같이 혀 끝을 세워 윗니 뒤쪽에 붙였다 가 떼면서 소리를 낸다. 이 때 성대는 떨리게 된다. 한국어로는 [으두]와 같이 발음하면 된다.

◀)) ヒンドゥー Hindu 힌두 (ヒンズー、ヒンヅー도 사용)

(13) ◀)) デュ[djɯ]

이 음의 자음 [d]는 「だ、で、ど」의 자음의 음과 같이 혀 끝을 세워 윗니 뒤쪽에 붙였다 가 떼면서 소리를 낸다. 이 때 성대는 떨리게 된다. 한국어로는 [으듀]와 같이 발음하면 된다.

◀)) デュエット duet 듀엣

(14) ◀))) ファ[ɸa], フィ[ɸi], フェ[ɸe], フォ[ɸo]

이 음의 자음 [ɸ]는 「ふ」의 자음의 음과 같이 양 입술을 좁혀 그 사이로 폐로부터의 공기가 나오면서 마찰을 일으켜 내는 소리이다. 이 때 성대의 떨림은 일어나지 않는다. 한국어로는 [화], [휘], [훼], [훠]와 같이 발음하면 무난하다.

 ◀))) ファイル file 파일
 ◀))) フィールド field 필드
 ◀))) パーフェクト perfect 퍼팩트
 ◀))) ユニフォーム uniform 유니폼

(15) ◀))) フュ[ɸjɯ]

이 음의 자음 [ɸ]는 「ふ」의 자음의 음과 같이 양 입술을 좁혀 그 사이로 폐로부터의 공기가 나오면서 마찰을 일으켜 내는 소리이다. 이 때 성대의 떨림은 일어나지 않는다. 한국어로는 [휴]와 같이 발음하면 무난하다.

 ◀))) フュージョン fusion 퓨전(음악의 종류)

(16) ◀))) ヴァ[va], ヴィ[vi], ヴ[vɯ], ヴェ[ve], ヴォ[vo]

이 음들의 자음은 원래 [v]음인데 이 음을 실질적으로 내기는 힘들기 때문에 자음[b]의 음으로 대신한다. 자음 [b]의 음은 ば行음의 자음과 같이 양 입술을 오므렸다가 갑자기 열면서 소리를 낸다. 이 때 성대는 떨리게 된다. 한국어로는 [으봐], [으뷔], [으브], [으붸], [으붜]와 같이 발음하면 무난하다.

 ◀))) ヴァイオリン violin 바이올린 (バイオリン도 사용)
 ◀))) ヴィーナス venus 비너스 (ビーナス도 사용)
 ◀))) オリーヴ olive 올리브 (オリーブ도 사용)
 ◀))) ヴェール veil 베일 (ベール도 사용)
 ◀))) ヴォルガ Volga 볼가 (ボルガ도 사용)

(17) ◀)) ヴュ[vyu]

이 음의 자음은 원래 [v]음인데 이 음을 실질적으로 내기는 힘들기 때문에 자음[b]의 음으로 대신한다. 자음 [b]의 음은 ば行음의 자음과 같이 양 입술을 오므렸다가 갑자기 열면서 소리를 낸다. 이 때 성대는 떨리게 된다. 한국어로는 [으뷰]와 같이 발음하면 된다.

◀)) インタヴュー interview 인터뷰 (インタビュー 도 사용)

(18) ◀)) ウィ[wi], ウェ[we], ウォ[wo]

이 음의 자음의 음은 「わ」의 자음의 음과 같이 양 입술을 좁힌 상태에 폐로부터의 공기가 마찰되면서 나오는 소리이다. 이 때 성대는 떨리게 된다. 한국어로는 [위], [웨], [워]와 같이 발음하면 무난하다.

◀)) ウィンク wink 윙크 (ウインク도 사용)

◀)) ウェット wet 젖은 (ウエット도 사용)

◀)) ウォーター water 물 (ウオーター도 사용)

지금까지 살펴 본 음은 본래 일본어에는 없는 음이기 때문에 발음에 주의하면서 몇 번이고 반복하여 연습할 필요가 있다.

2　듣기연습

1. 아래의 단어와 원어민의 음성이 일치하면 1을, 일치하지 않으면 2를 선택하시오.

① ◀)) ジャル (JAL 일본항공)　　② ◀)) カフェ (cafe 카페)

③ ◀)) チェリー (cherry 체리)　　④ ◀)) ウィンク (wink 윙크)

⑤ ◀)) ファイル (file 파일)　　⑥ ◀)) モーツァルト (Mozart 모짜르트)

⑦ ◀)) グァム (Guam 괌(지명))　　⑧ ◀)) クィーン (queen 여왕)

⑨ ◀)) フィールド (field 필드)　　⑩ ◀)) トゥー (two 둘)

2. 원어민의 음성을 듣고 그 읽는 단어가 1, 2번 중에 어느 쪽인지 고르시오.

① 🔊 (1) ジャル (JAL 일본항공)　　(2) ザル (笊 소쿠리)

② 🔊 (1) カフェ (cafe 카페)　　(2) カペ

③ 🔊 (1) チェリー (cherry 체리)　　(2) ゼリー (jelly 제리)

④ 🔊 (1) ウィンク (wink 윙크)　　(2) インク (ink 잉크)

⑤ 🔊 (1) ファイル (file 파일)　　(2) パイル

⑥ 🔊 (1) モーツァルト (Mozart 모짜르트)　(2) モーチャルト

⑦ 🔊 (1) グァム (Guam 괌(지명))　　(2) ガム (gum 껌)

⑧ 🔊 (1) クィーン (queen 여왕)　　(2) キーン

⑨ 🔊 (1) フィールド (field 필드)　　(2) ピールド

⑩ 🔊 (1) トゥー (two 둘)　　(2) ツー (two 둘)

3. 원어민의 음성을 듣고 따라서 발음해 보시오. 🔊

☐ ザル (笊 소쿠리)

☐ ゼリー (jelly 제리)

☐ インク (ink 잉크)

☐ ファイル (file 파일)

☐ モーツァルト (Mozart 모짜르트)

☐ ガム (gum 껌)

☐ クィーン (queen 여왕)

☐ フィールド (field 필드)

☐ トゥー (two 둘)

☐ ジャル (JAL 일본항공)

☐ カフェ (cafe 카페)

☐ チェリー (cherry 체리)

☐ ウィンク (wink 윙크)

☐ グァム (Guam 괌(지명))

○ 제10장

발음종합

1 발음종합

[어두의 탁음], [어중/어미의 발음], [장음과 단음], [ザ・ゼ・ゾ와 ジャ・ジェ・ジョ의 발음], [ツ・チュ와 ズ・ジュ의 발음], [촉음과 비촉음], [撥音의 발음], [모음의 무성화], [외래어의 표기와 발음]은 한국인 틀리기 쉬운 발음이므로 지금까지 따로따로 연습해 왔다.여기에서는 이 예들을 종합적으로 연습해 보기로 한다.

2 듣기연습

1. 아래의 단어와 원어민의 음성이 일치하면 1을, 일치하지 않으면 2를 선택하시오.

① 🔊 チキュー (地球 지구)　　　② 🔊 フタツ (二つ 둘)

③ 🔊 オージャ (王者 임금)　　　④ 🔊 ゼロ (ZERO 제로)

⑤ 🔊 ジョーリ (条理 조리)　　　⑥ 🔊 ジュズ (数珠 염주)

⑦ 🔊 チューシ (中止 중지)　　　⑧ 🔊 オートー (応答 응답)

⑨ 🔊 コンラン (混乱 혼란)　　　⑩ 🔊 カイ (貝 조개)

2. 원어민의 음성을 듣고 그 읽는 단어가 1, 2번 중에 어느 쪽인지 고르시오.

① 🔊 (1) ジキュー (時給 시급)   (2) チキュー (地球 지구)

② 🔊 (1) オージャ (王者 임금)   (2) オーザ (王座 왕좌)

③ 🔊 (1) ジョーリ (条理 조리)   (2) ゾーリ (草履 일본짚신)

④ 🔊 (1) ジュズ (数珠 염주)   (2) ジュジュ (授受 주고받음)

⑤ 🔊 (1) ツーシ (通史 통사)   (2) チューシ (中止 중지)

⑥ 🔊 (1) オートー (応答 응답)   (2) オート (嘔吐 구토)

⑦ 🔊 (1) イッコー (一行 일행)   (2) イコー (意向 의향)

⑧ 🔊 (1) コンラン (混乱 혼란)   (2) コンナン (困難 곤란)

⑨ 🔊 (1) キカイ (機械 기계)   (2) カイ (貝 조개)

⑩ 🔊 (1) ウィンク (wink 윙크)   (2) インク (ink 잉크)

3. 원어민의 음성을 듣고 따라서 발음해 보시오. 🔊

☐ チキュー (地球 지구)

☐ フダツ (二つ 둘)

☐ オーザ (王座 왕좌)

☐ ゾーリ (草履 일본짚신)

☐ ジュジュ (授受 주고받음)

☐ チューシ (中止 중지)

☐ オート (嘔吐 구토)

☐ イコー (意向 의향)

☐ コンナン (困難 곤란)

☐ カイ (貝 조개)

☐ インク (ink 잉크)

☐ ジキュー (時給 시급)

☐ フタツ (二つ 둘)

☐ オージャ (王者 임금)

☐ ゼロ (ZERO 제로)

☐ ジョーリ (条理 조리)

☐ ジュズ (数珠 염주)

☐ ツーシ (通史 통사)

☐ オートー (応答 응답)

☐ イッコー (一行 일행)

☐ コンラン (混乱 혼란)

☐ キカイ (機械 기계)

☐ ウィンク (wink 윙크)

제3부

일본어 악센트

제01장

개관

1 일본어 악센트 개관

○ 악센트 : 어나 문절을 구성하는 박 상호간에 인정되는 상대적인 고저관계의 규칙

○ 특징
① 高低악센트이다.
② 첫번째 박과 두번째 박은 원칙적으로 높이가 다르다.
③ 하나의 어 또는 문절 속에서 높은 부분이 두 군데 존재하지는 않는다.

　　예) 3박어 중에 ●●●　●●○　●○●　○○●　○○○ 型은 존재하지 않음

○ 악센트를 이야기 할 때의 중요 용어
악센트의 폭포 : 하나의 어 중에서 높은 곳에서 낮은 곳으로 옮겨지는 부분
악센트의 핵 : 악센트의 폭포가 있는 직전의 박

　　예) ㄱㄱ＼ㅁ[心] : 뒤에서 2번째 박인 ㄱ 뒤에 악센트의 폭포가 있고 이 ㄱ에 악센트의 핵이 있다.

○ 악센트의 형

平板式 : 平板型－악센트의 핵을 갖지 않는 것

起伏式 : 頭高型－악센트의 핵이 첫번째 박에 오는 것

中高型－악센트의 핵이 첫번째 박과 마지막 박을 제외한 곳에 오는 것

尾高型－악센트의 핵이 마지막 박에 오는 것(조사의 바로 앞)

예) 3박어(삼각형은 조사를 의미함) ◀»

平板型－○●●▶(サクラガ ̄)

頭高型－●○○▷(ミ＼ドリガ)

中高型－○●○▷(オカ＼シガ)

尾高型－○●●▷(ヤスミ＼ガ)

○ 악센트의 핵이 오기 힘든 박

① 장음[ー]이나 발음(撥音)[ン], 촉음[ッ] 뒤에는 악센트의 핵이 원칙적으로 오지 않는다.

예) ◀» カレ＼ーパン(카레빵, カレー＼パン이 되지 않음)

メロ＼ンパン(메론빵, メロン＼パン이 되지 않음)

ジューイ＼ッサイ(11歳 11살, ジューイッ＼サイ가 되지 않음)

예외) コー＼ンチャ(コーン茶), チェー＼ンテン(チェーン店)

② 이중모음과 같이 발음되는 [イ], [ウ], [エ]와 같은 박는 악센트의 핵이 오지 않는 경향이 있다.

예) ◀» ネクタ＼イピン(넥타이핀, ネクタイ＼ピン은 되기 힘듦)

カンガ＼エ(考え 생각, カンガエ＼가 되기 힘듦)

チガ＼ウノデ(違うので 달라서, チガウ＼ノデ가 되기 힘듦)

③ 무성화박 뒤에는 악센트의 핵이 오지 않는 경우가 있다.(＿는 무성화박을 의미함)

예) ◀» キョーエ＼キヒ(共益費 공익비. キョーエキ＼ヒ라고도 함)

シケ＼ン(試験 시험, シ＼ケン이라고 하지 않음)

위와 같이 특수박(장음, 발음, 촉음) 및 이에 준하는 박(이중모음부음, 무성화박)은 경우에 따라 악센트의 핵의 위치를 본래 있던 위치에서 이동시키는 효과를 갖는다.

○ 악센트의 표기법

악센트의 표기법은 다양하여 악센트의 핵이 있는 박에 [⌐]표시를 넣거나, ●(고), ○(저), ▶(조사 고), ▷(조사 저)의 기호를 이용하여 나타내는 경우도 있다. 본 강의에서는 악센트의 핵이 있는 박 뒤에 ＼을 넣어 표시하며, 평판형의 경우 마지막 박의 뒤에 ‾을 넣어 표시하기로 한다.

2 악센트 연습

1. 아래의 단어를 듣고 악센트의 핵이 없으면 (0)을 선택하고, 핵이 있으면 뒤에서 몇 번째에 있는지 번호를 택하세요.

① 🔊 ハガ (歯が 이가)　　　　　　　　(0) (1) (2) (3) (4) (5) (6)

② 🔊 ヒトガ (人が 사람이)　　　　　　　(0) (1) (2) (3) (4) (5) (6)

③ 🔊 イヌガ (犬が 개가)　　　　　　　　(0) (1) (2) (3) (4) (5) (6)

④ 🔊 サトーガ (砂糖が 설탕이)　　　　　(0) (1) (2) (3) (4) (5) (6)

⑤ 🔊 サカナガ (魚が 생선이)　　　　　　(0) (1) (2) (3) (4) (5) (6)

⑥ 🔊 ケーザイガ (経済が 경제가)　　　　(0) (1) (2) (3) (4) (5) (6)

⑦ 🔊 オトートガ (弟が 남동생이)　　　　(0) (1) (2) (3) (4) (5) (6)

⑧ 🔊 ミドリイロガ (緑色が 녹색이)　　　(0) (1) (2) (3) (4) (5) (6)

⑨ 🔊 ニワカアメガ (俄雨が 소나기가)　　(0) (1) (2) (3) (4) (5) (6)

⑩ 🔊 ミナミカゼガ (南風が 남풍이)　　　(0) (1) (2) (3) (4) (5) (6)

2. 악센트의 핵이 있으면 ○ 핵이 없으면 ×를 선택하시오. 그리고 정답을 확인한 후에는 정답을 보
   면서 주의 깊게 듣고 2 번씩 발음해 보세요.

① 🔊 キガ (木が 나무가)　　　　　　　　　　　　　　　　○　　×

② 🔊 カレガ (彼が 그가)　　　　　　　　　　　　　　　　○　　×

③ 🔊 カキガ (柿が 감이)　　　　　　　　　　　　　　　　○　　×

④ 🔊 タカラガ (宝が 보물이)　　　　　　　　　　　　　　○　　×

⑤ 🔊 ジキューガ (時給が 시급이)　　　　　　　　　　　　○　　×

⑥ 🔊 ゲンテイガ (限定が 한정이)　　　　　　　　　　　　○　　×

⑦ 🔊 ダイチョーガ (大腸が 대장이)　　　　　　　　　　　○　　×

⑧ 🔊 コトワザガ (諺が 속담이)　　　　　　　　　　　　　○　　×

⑨ 🔊 キンメダルガ (金メダルが 금메달이)　　　　　　　　○　　×

⑩ 🔊 ゲンダイゴガ (現代語が 현대어가)　　　　　　　　　○　　×

3. 아래의 단어를 듣고 악센트의 핵이 없으면 (0)을 선택하고, 핵이 있으면 뒤에서 몇 번째에 있는지
   번호를 택하세요.

① 🔊 ヒガ (日が 해가)　　　　　　　　(0) (1) (2) (3) (4) (5) (6)

② 🔊 アキガ (秋が 가을이)　　　　　　(0) (1) (2) (3) (4) (5) (6)

③ 🔊 メガネガ (眼鏡が 안경이)　　　　(0) (1) (2) (3) (4) (5) (6)

④ 🔊 アタマガ (頭が 머리가)　　　　　(0) (1) (2) (3) (4) (5) (6)

⑤ 🔊 コクバンガ (黒板が 칠판이)　　　(0) (1) (2) (3) (4) (5) (6)

⑥ 🔊 クツシタガ (靴下が 양말이)　　　(0) (1) (2) (3) (4) (5) (6)

⑦ 🔊 ミズウミガ (湖が 호수가)　　　　(0) (1) (2) (3) (4) (5) (6)

⑧ 🔊 コガネムシガ (黄金虫が 풍뎅이가)　(0) (1) (2) (3) (4) (5) (6)

⑨ 🔊 ショタイメンガ (初対面が 첫대면이)　(0) (1) (2) (3) (4) (5) (6)

⑩ 🔊 キンカクジガ (金閣寺が 금각사가)　(0) (1) (2) (3) (4) (5) (6)

1. 아래의 단어를 듣고 악센트의 핵이 없으면 (0)을 선택하고, 핵이 있으면 뒤에서 몇 번째에 있는지 번호를 택하세요.

① 🔊 カガ (蚊が 모기가)   (0) (1) (2) (3) (4) (5) (6)

② 🔊 キガ (木が 나무가)   (0) (1) (2) (3) (4) (5) (6)

③ 🔊 カレガ (彼が 그가)   (0) (1) (2) (3) (4) (5) (6)

④ 🔊 カキガ (柿が 감이)   (0) (1) (2) (3) (4) (5) (6)

⑤ 🔊 ガキガ (餓鬼が 개구장이가)   (0) (1) (2) (3) (4) (5) (6)

⑥ 🔊 タカラガ (宝が 보물이)   (0) (1) (2) (3) (4) (5) (6)

⑦ 🔊 カホゴガ (過保護が 과보호가)   (0) (1) (2) (3) (4) (5) (6)

⑧ 🔊 ジキューガ (時給が 시급이)   (0) (1) (2) (3) (4) (5) (6)

⑨ 🔊 テンチガ (天地が 천지가)   (0) (1) (2) (3) (4) (5) (6)

⑩ 🔊 ゲンテイガ (限定が 한정이)   (0) (1) (2) (3) (4) (5) (6)

⑪ 🔊 トーガンガ (冬瓜が 동아가)   (0) (1) (2) (3) (4) (5) (6)

⑫ 🔊 テガワリガ (手替りが 일을 대신하는 것이)   (0) (1) (2) (3) (4) (5) (6)

⑬ 🔊 ダイチョーガ (大腸が 대장이)   (0) (1) (2) (3) (4) (5) (6)

⑭ 🔊 コトワザガ (諺が 속담이)   (0) (1) (2) (3) (4) (5) (6)

⑮ 🔊 キンメダルガ (金メダルが 금메달이)   (0) (1) (2) (3) (4) (5) (6)

⑯ 🔊 クルマイスガ (車椅子が 휠체어가)   (0) (1) (2) (3) (4) (5) (6)

⑰ 🔊 ゲンダイゴガ (現代語が 현대어가)   (0) (1) (2) (3) (4) (5) (6)

⑱ 🔊 ゴジューカタガ (五十肩が 오십견이)   (0) (1) (2) (3) (4) (5) (6)

⑲ 🔊 ニホンジンガ (日本人が 일본인이)   (0) (1) (2) (3) (4) (5) (6)

⑳ 🔊 ミズグルマガ (水車が 수차가)   (0) (1) (2) (3) (4) (5) (6)

2. 다음 단어를 잘 보고 녹음하여 보내시오. 🔊

☐ カガ (蚊が 모기가)

☐ キガ (木が 나무가)

☐ カレガ (彼が 그가)

☐ カキガ (柿が 감이)

☐ ガキガ (餓鬼が 개구장이가)

☐ タカラガ (宝が 보물이)

☐ カホゴガ (過保護が 과보호가)

☐ ジキューガ (時給が 시급이)

☐ テンチガ (天地が 천지가)

☐ ゲンテイガ (限定が 한정이)

☐ トーガンガ (冬瓜が 동아가)

☐ テガワリガ (手替りが 일을 대신하는 것이)

☐ ダイチョーガ (大腸が 대장이)

☐ コトワザガ (諺が 속담이)

☐ キンメダルガ (金メダルが 금메달이)

☐ クルマイスガ (車椅子が 휠체어가)

☐ ゲンダイゴガ (現代語が 현대어가)

☐ ゴジューカタガ (五十肩が 오십견이)

☐ ニホンジンガ (日本人が 일본인이)

☐ ミズグルマガ (水車が 수차가)

제02장

단순명사의 악센트

1 단순명사 악센트의 특징

○ n박의 명사는 (n+1)개의 형을 가진다.

예) 3박명사 : 4개의 형

○ 박에 따른 형의 분포가 편중되어 있다.

* 박에 따른 형의 분포상황
  ① 1박명사
  - 頭高型(尾高型): 70%이하
    예) ◀)) キ＼ガ 木が 나무가

  - 平板型: 30%이상
    예) ◀)) キガ￣ 気が 기미가

  ② 2박명사
  - 頭高型: 65%정도
    예) ◀)) ハ＼シガ 箸が 젓가락이

- 尾高型: 20%이하

  예) 🔊 ハシ＼ガ 橋が 다리가

- 平板型: 15%정도

  예) 🔊 ハシガ ̄ 端が 끝이

③ 3박명사
- 頭高型: 40%이하

  예) 🔊 メ＼ガネガ 眼鏡が 안경이

- 中高型: 10%이하

  예) 🔊 タマ＼ゴガ 卵が 계란이

- 尾高型: 5%정도

  예) 🔊 アタマ＼ガ 頭が 머리가

- 平板型: 50%정도

  예) 🔊 トケーガ ̄ 時計が 시계가

④ 4박명사
- 頭高型: 10%이하

  예) 🔊 ケ＼ーザイガ 経済が 경제가

- 中高型: 10%이상

  예) 🔊 ヒコ＼ーキガ 飛行機が 비행기가

- 中高型: 10%이하

  예) 🔊 ミズウ＼ミガ 湖が 호수가

- 尾高型: 5%정도

  예) 🔊 オトート＼ガ 弟が 남동생이

- 平板型: 70%이하

  예) 🔊 ガクセーガ ̄ 学生が 학생이

○ 3박, 4박 명사의 경우 平板型이 차지하는 비율이 가장 높고 尾高型의 비율은 가장 낮다.
○ 단순명사의 악센트는 특별한 규칙이 없기 때문에 박에 따른 비율을 인식하여 외워가는
 수 밖에 없다.

1. 아래의 단어를 듣고 악센트의 핵이 없으면 (0)을 선택하고, 핵이 있으면 뒤에서 몇 번째에 있는지
 번호를 택하세요.

① 🔊 ネガ (根が 뿌리가)　　　　　　　　(0) (1) (2) (3) (4) (5) (6)

② 🔊 イトガ (糸が 실이)　　　　　　　　(0) (1) (2) (3) (4) (5) (6)

③ 🔊 トリガ (鳥が 새가)　　　　　　　　(0) (1) (2) (3) (4) (5) (6)

④ 🔊 イノチガ (命が 생명이)　　　　　　(0) (1) (2) (3) (4) (5) (6)

⑤ 🔊 オトコガ (男が 남자가)　　　　　　(0) (1) (2) (3) (4) (5) (6)

⑥ 🔊 ダイジンガ (大臣が 장관이)　　　　(0) (1) (2) (3) (4) (5) (6)

⑦ 🔊 オトートガ (弟が 남동생이)　　　　(0) (1) (2) (3) (4) (5) (6)

⑧ 🔊 ショタイメンガ (初対面が 첫대면이)　(0) (1) (2) (3) (4) (5) (6)

⑨ 🔊 カシラモジガ (頭文字が 머리글자가)　(0) (1) (2) (3) (4) (5) (6)

⑩ 🔊 キンカクジガ (金閣寺が 금각사가)　　(0) (1) (2) (3) (4) (5) (6)

2. 악센트의 핵이 있으면 ○ 핵이 없으면 ×를 선택하시오. 그리고 정답을 확인한 후에는 정답을 보
 면서 주의 깊게 듣고 2 번씩 발음해 보세요.

① 🔊 ハガ (歯が 이가)　　　　　　　　　　　　○　　×

② 🔊 ヒガ (日が 해가)　　　　　　　　　　　　○　　×

③ 🔊 アキガ (秋が 가을이)　　　　　　　　　　○　　×

④ 🔊 ヒトガ (人が 사람이)　　　　　　　　　　○　　　×

⑤ 🔊 サカナガ (魚が 생선이)　　　　　　　　　○　　　×

⑥ 🔊 アタマガ (頭が 머리가)　　　　　　　　　○　　　×

⑦ 🔊 コクバンガ (黒板が 칠판이)　　　　　　　○　　　×

⑧ 🔊 ミズウミガ (湖が 호수가)　　　　　　　　○　　　×

⑨ 🔊 コガネムシガ (黄金虫が 풍뎅이가)　　　　○　　　×

⑩ 🔊 ミドリイロガ (緑色が 녹색이)　　　　　　○　　　×

3. 아래의 단어를 듣고 악센트의 핵이 없으면 (0)을 선택하고, 핵이 있으면 뒤에서 몇 번째에 있는지
   번호를 택하세요.

① 🔊 チガ (血が 피가)　　　　　　　　　　(0) (1) (2) (3) (4) (5) (6)

② 🔊 カミガ (髪が 머리카락이)　　　　　　　(0) (1) (2) (3) (4) (5) (6)

③ 🔊 タマゴガ (卵が 계란이)　　　　　　　　(0) (1) (2) (3) (4) (5) (6)

④ 🔊 ウサギガ (兎が 토끼가)　　　　　　　　(0) (1) (2) (3) (4) (5) (6)

⑤ 🔊 コクバンガ (黒板が 칠판이)　　　　　　(0) (1) (2) (3) (4) (5) (6)

⑥ 🔊 アサガオガ (朝顔が 나팔꽃이)　　　　　(0) (1) (2) (3) (4) (5) (6)

⑦ 🔊 サンスーガ (算数が 산수가)　　　　　　(0) (1) (2) (3) (4) (5) (6)

⑧ 🔊 カカリインガ (係員が 계원이)　　　　　(0) (1) (2) (3) (4) (5) (6)

⑨ 🔊 シャカイトーガ (社会党が 사회당이)　　(0) (1) (2) (3) (4) (5) (6)

⑩ 🔊 ミナミカゼガ (南風が 남풍이)　　　　　(0) (1) (2) (3) (4) (5) (6)

3　과제

1. 아래의 단어를 듣고 악센트의 핵이 없으면 (0)을 선택하고, 핵이 있으면 뒤에서 몇 번째에 있는지
   번호를 택하세요.

① 🔊 ハガ (歯が 이가)　　　　　　　　　　(0) (1) (2) (3) (4) (5) (6)

② 🔊 ヒガ (日が 해가)　　　　　　　　　　(0) (1) (2) (3) (4) (5) (6)

③ 🔊 アキガ (秋が 가을이)　　　　(0) (1) (2) (3) (4) (5) (6)

④ 🔊 ヒトガ (人が 사람이)　　　　(0) (1) (2) (3) (4) (5) (6)

⑤ 🔊 イヌガ (犬が 개가)　　　　　(0) (1) (2) (3) (4) (5) (6)

⑥ 🔊 メガネガ (眼鏡が 안경이)　　(0) (1) (2) (3) (4) (5) (6)

⑦ 🔊 サトーガ (砂糖が 설탕이)　　(0) (1) (2) (3) (4) (5) (6)

⑧ 🔊 サカナガ (魚が 생선이)　　　(0) (1) (2) (3) (4) (5) (6)

⑨ 🔊 アタマガ (頭が 머리가)　　　(0) (1) (2) (3) (4) (5) (6)

⑩ 🔊 コクバンガ (黒板が 칠판이)　(0) (1) (2) (3) (4) (5) (6)

⑪ 🔊 ケーザイガ (経済が 경제가)　(0) (1) (2) (3) (4) (5) (6)

⑫ 🔊 クツシタガ (靴下が 양말이)　(0) (1) (2) (3) (4) (5) (6)

⑬ 🔊 オトートガ (弟が 남동생이)　(0) (1) (2) (3) (4) (5) (6)

⑭ 🔊 ミズウミガ (湖が 호수가)　　(0) (1) (2) (3) (4) (5) (6)

⑮ 🔊 コガネムシガ (黄金虫が 풍뎅이가)　(0) (1) (2) (3) (4) (5) (6)

⑯ 🔊 ショタイメンガ (初対面が 첫대면이)　(0) (1) (2) (3) (4) (5) (6)

⑰ 🔊 ミドリイロガ (緑色が 녹색이)　(0) (1) (2) (3) (4) (5) (6)

⑱ 🔊 ニワカアメガ (俄雨が 소나기가)　(0) (1) (2) (3) (4) (5) (6)

⑲ 🔊 ミナミカゼガ (南風が 남풍이)　(0) (1) (2) (3) (4) (5) (6)

⑳ 🔊 キンカクジガ (金閣寺が 금각사가)　(0) (1) (2) (3) (4) (5) (6)

2. 다음 단어를 잘 보고 녹음하여 보내시오. 🔊

　□ ハガ (歯が 이가)

　□ ヒガ (日が 해가)

　□ アキガ (秋が 가을이)

　□ ヒトガ (人が 사람이)

　□ イヌガ (犬が 개가)

　□ メガネガ (眼鏡が 안경이)

　□ サトーガ (砂糖が 설탕이)

　□ サカナガ (魚が 생선이)

　□ アタマガ (頭が 머리가)

☐ コクバンガ (黒板が 칠판이)

☐ ケーザイガ (経済が 경제가)

☐ クツシタガ (靴下が 양말이)

☐ オトートガ (弟が 남동생이)

☐ ミズウミガ (湖が 호수가)

☐ コガネムシガ (黄金虫が 풍뎅이가)

☐ ショタイメンガ (初対面が 첫 대면이)

☐ ミドリイロガ (緑色が 녹색이)

☐ ニワカアメガ (俄雨が 소나기가)

☐ ミナミカゼガ (南風が 남풍이)

☐ キンカクジガ (金閣寺が 금각사가)

제03장

외래어의 악센트

1 외래어 악센트의 특징

○ 3박이하의 외래어는 기본적으로 두고형이다. 단 3박의 외래어인데 마지막 박이 특수박
(장음 ー, 발음 ン)인 어는 중고형이 되는 경우가 많다.

예) ◀» ガ＼ム 껌　　　　　カ＼メラ 카메라

　　　ポ＼スト **포스트**　　ジャパ＼ン Japan

　　　ブル＼ー 블루　　　　マシ＼ン 머신

예외) ◀» カレー¯ 카레　　コップ¯ 컵

　　　　ボタン¯ 버튼

○ 외래어 악센트는 본래 언어(영어, 독일어, 프랑스어 등)의 악센트와 반드시 같지는
않다.

예) ◀» バ＼ナナ 바나나 banána　　チョコレ＼ート 쵸코릿 chócolate

○ 4박의 외래어는 전체적으로 두고형이 주류(4박 외래어 중 50%정도)를 이루지만 압도
적인 것은 아니다. 단 특수박과의 관련에서는 비교적 뚜렷한 경향이 보인다.

① [○ッ○○], [○─○○], [○ン○○]의 형태와 같이 앞에서 두 박째가 특수박인 외래어는 두고형이다.

    예) 🔊 カ＼ップル 커플   ド＼ーナツ 도넛

        キャ＼ンセル 캔슬   ハ＼ンサム 핸썸

② [○○ッ○], [○○─○], [○○ン○]의 형태와 같이 앞에서 세번째 박이 특수박인 외래어는 뒤에서 세번째 박에 악센트의 핵이 오는 중고형이다.

    예) 🔊 ラケ＼ット 라켓   アパ＼ート 아파트

        ジレ＼ンマ 딜레마

③ [○○○─], [○○○ン]의 형태와 같이 마지막 박이 특수박인 외래어는 두고형이다.

    예) 🔊 カ＼ロリー 칼로리   メ＼ロディー 멜로디

        オ＼ニオン 어니언   シ＼ナモン 시나몬

④ 4박으로 특수박이 전혀 포함되지 않은 외래어는 평판형이다.

    예) 🔊 アルバム¯ 앨범   イグアナ¯ 이구아나

        オムレツ¯ 오믈렛   キャラメル¯ 캐러멜

○ 5박 이상의 외래어는 뒤에서 3번째에 악센트의 핵이 오는 경향이 있다.

    예) 🔊 アスファ＼ルト 아스팔트   ストラ＼イク 스트라이크[야구]

○ 단 5박, 6박의 외래어 중에서 마지막 박이 장음인 단어는 뒤에서 4번째박에 악센트의 핵이 오는 경향이 있다.

    예) 🔊 カテ＼ゴリー 카테고리   イデオ＼ロギー 이데올로기

        テクノ＼ロジー 테크놀로지

악센트 연습

1. 아래의 단어를 듣고 악센트의 핵이 없으면 (0)을 선택하고, 핵이 있으면 뒤에서 몇 번째에 있는지 번호를 택하세요.

① 🔊 ジャムガ (잼이)　　　　　　　　　(0) (1) (2) (3) (4) (5) (6)

② 🔊 ケーキガ (케잌이)　　　　　　　　(0) (1) (2) (3) (4) (5) (6)

③ 🔊 マシンガ (머신이)　　　　　　　　(0) (1) (2) (3) (4) (5) (6)

④ 🔊 エックスガ (엑스가)　　　　　　　(0) (1) (2) (3) (4) (5) (6)

⑤ 🔊 ディーゼルガ (디젤이)　　　　　　(0) (1) (2) (3) (4) (5) (6)

⑥ 🔊 コンパスガ (컴퍼스가)　　　　　　(0) (1) (2) (3) (4) (5) (6)

⑦ 🔊 オリーブガ (올리브가)　　　　　　(0) (1) (2) (3) (4) (5) (6)

⑧ 🔊 カリスマガ (카리스마가)　　　　　(0) (1) (2) (3) (4) (5) (6)

⑨ 🔊 ヨーグルトガ (요구르트가)　　　　(0) (1) (2) (3) (4) (5) (6)

⑩ 🔊 イデオロギーガ (이데올로기가)　　(0) (1) (2) (3) (4) (5) (6)

2. 악센트의 핵이 있으면 ○ 핵이 없으면 ✕를 선택하시오. 그리고 정답을 확인한 후에는 정답을 보면서 주의 깊게 듣고 2 번씩 발음해 보세요.

① 🔊 バターガ (버터가)　　　　　　　　○　　　✕

② 🔊 バナナガ (바나나가)　　　　　　　○　　　✕

③ 🔊 アメリカガ (아메리카가)　　　　　○　　　✕

④ 🔊 サッカーガ (축구가)　　　　　　　○　　　✕

⑤ 🔊 カナリアガ (카나리아가)　　　　　○　　　✕

⑥ 🔊 カップルガ (커플이)　　　　　　　○　　　✕

⑦ 🔊 コーヒーガ (커피가)　　　　　　　○　　　✕

⑧ 🔊 マネージャーガ (메니저가)　　　　○　　　✕

⑨ 🔊 ヨーロッパガ (유럽이)　　　　　　○　　　✕

⑩ 🔊 コンピューターガ (컴퓨터가)　　　○　　　✕

3. 아래의 단어를 듣고 악센트의 핵이 없으면 (0)을 선택하고, 핵이 있으면 뒤에서 몇 번째에 있는지
   번호를 택하세요.

① 🔊 カメラガ (카메라가)　　　　　　　(0) (1) (2) (3) (4) (5) (6)

② 🔊 ドライブガ (드라이브가)　　　　　(0) (1) (2) (3) (4) (5) (6)

③ 🔊 オレンジガ (오렌지가)　　　　　　(0) (1) (2) (3) (4) (5) (6)

④ 🔊 インフレガ (인플레이션이)　　　　(0) (1) (2) (3) (4) (5) (6)

⑤ 🔊 ビタミンガ (비타민이)　　　　　　(0) (1) (2) (3) (4) (5) (6)

⑥ 🔊 メキシコガ (멕시코가)　　　　　　(0) (1) (2) (3) (4) (5) (6)

⑦ 🔊 カーテンガ (커튼이)　　　　　　　(0) (1) (2) (3) (4) (5) (6)

⑧ 🔊 エジプトガ (이집트가)　　　　　　(0) (1) (2) (3) (4) (5) (6)

⑨ 🔊 バドミントンガ (배드민턴이)　　　(0) (1) (2) (3) (4) (5) (6)

⑩ 🔊 アイスクリームガ (아이스크림이)　(0) (1) (2) (3) (4) (5) (6)

3 　**과제**

1. 아래의 단어를 듣고 악센트의 핵이 없으면 (0)을 선택하고, 핵이 있으면 뒤에서 몇 번째에 있는지
   번호를 택하세요.

① 🔊 ゴルフガ (골프가)　　　　　　　　(0) (1) (2) (3) (4) (5) (6)

② 🔊 ツインガ (트윈이)　　　　　　　　(0) (1) (2) (3) (4) (5) (6)

③ 🔊 ピンクガ (핑크가)　　　　　　　　(0) (1) (2) (3) (4) (5) (6)

④ 🔊 クラスガ (클래스가)　　　　　　　(0) (1) (2) (3) (4) (5) (6)

⑤ 🔊 レコードガ (레코드가)　　　　　　(0) (1) (2) (3) (4) (5) (6)

⑥ 🔊 マロニエガ (마로니에가)　　　　　(0) (1) (2) (3) (4) (5) (6)

⑦ 🔊 キャンベラガ (캔버러가)　　　　　(0) (1) (2) (3) (4) (5) (6)

⑧ 🔊 アイロンガ (다리미가)　　　　　　(0) (1) (2) (3) (4) (5) (6)

⑨ 🔊 ヒロインガ (여걸이)　　　　　　　(0) (1) (2) (3) (4) (5) (6)

⑩ 🔊 ストロボガ (스트로보가)　　　　　(0) (1) (2) (3) (4) (5) (6)

⑪ 🔊 ナイロンガ (나일론이)　　　　(0) (1) (2) (3) (4) (5) (6)

⑫ 🔊 リサイクルガ (리사이클이)　　(0) (1) (2) (3) (4) (5) (6)

⑬ 🔊 カレンダーガ (캘린더가)　　　(0) (1) (2) (3) (4) (5) (6)

⑭ 🔊 チョコレートガ (쵸코릿이)　　(0) (1) (2) (3) (4) (5) (6)

⑮ 🔊 ゴールインガ (골인이)　　　　(0) (1) (2) (3) (4) (5) (6)

⑯ 🔊 カメラマンガ (카메라맨이)　　(0) (1) (2) (3) (4) (5) (6)

⑰ 🔊 オンラインガ (온라인이)　　　(0) (1) (2) (3) (4) (5) (6)

⑱ 🔊 モルモットガ (모르모트가)　　(0) (1) (2) (3) (4) (5) (6)

⑲ 🔊 フォークダンスガ (포크댄스가)　(0) (1) (2) (3) (4) (5) (6)

⑳ 🔊 アリストテレスガ (아리스토텔레스가)　(0) (1) (2) (3) (4) (5) (6)

2. 다음 단어를 잘 보고 녹음하여 보내시오. 🔊

☐ バターガ (버터가)

☐ カメラガ (카메라가)

☐ ドライブガ (드라이브가)

☐ オレンジガ (오렌지가)

☐ アメリカガ (아메리카가)

☐ サッカーガ (축구가)

☐ インフレガ (인플레이션이)

☐ ビタミンガ (비타민이)

☐ カナリアガ (카나리아가)

☐ メキシコガ (멕시코가)

☐ カップルガ (커플이)

☐ カーテンガ (커튼이)

☐ エジプトガ (이집트가)

☐ コーヒーガ (커피가)

☐ マネージャーガ (매니저가)

☐ ヨーロッパガ (유럽이)

☐ コンピューターガ (컴퓨터가)

□ バドミントンガ (배드민턴이)

□ オーストリアガ (오스트리아가)

□ アイスクリームガ (아이스크림이)

제04장

이름의 악센트

1 이름 악센트의 특징

○ 말미의 부분(한자)이 같으면 같은 악센트형이 되는 경향이 있다.

・頭高型 ◀◈

こ(子) : ま＼さこ[昌子]　よ＼しこ[良子]

し(史・詞・志・士), じ(二・治・司・次) : ま＼さし[正志]　ひ＼ろし[浩志]

け＼んじ[健二]　こ＼うじ[孝治]

・平板型 ◀◈

み(美・実) : まさみ ̄[昌美]　はるみ ̄[春実]

え(恵・江・枝・絵) : まさえ ̄[昌恵]　かずえ ̄[和江]　きよえ ̄[清枝]　ともえ ̄[友絵]

お(雄・夫・男) : まさお ̄[正雄]　はるお ̄[治夫]　のりお ̄[紀男]

○ 두 박을 가진 이름은 성별, 한자에 관계없이 頭高型이다. ◀◈

男 : りょ＼う[遼]　て＼つ[鉄]　　しょ＼う[翔]

女 : み＼き[美紀]　え＼み[恵美]　あ＼や[綾]

○ イ形容詞나 ナ形容詞를 근거로 생겨난 이름은 頭高型이다. ◀))

男 : あ\きら[明]　た\かし[貴]　き\よし[清]

女 : し\ずか[静]　は\るか[遥]　さ\やか[清]

○ 動詞로부터 파생된 이름은 平板型이나. ◀))

男 : まもる ̄[守]　たもつ ̄[保]　みのる ̄[実]

女 : かおる ̄[薫]　しのぶ ̄[忍]　めぐみ ̄[恵]

○ 말미에 「一」(いち)가 붙는 이름

① 前部要素가 1박 또는 2박(자립어+자립어)일 경우 前部要素의 마지막 박에 핵이 온다.

◀)) ぎ\いち[義一]　き\いち[喜一]　ひこ\いち[彦一]　まさ\いち[正一]

② 前部要素가 2박인데 2박째가 특수박인 경우는 平板型이 된다.

◀)) こういち ̄[浩一]　けんいち ̄[健一]

■2■ 악센트 연습

1. 아래의 단어를 듣고 악센트의 핵이 없으면 (0)을 선택하고, 핵이 있으면 뒤에서 몇 번째에 있는지 번호를 택하세요.

① ◀)) ハルコガ (晴子が 하루코가)　　　　　(0) (1) (2) (3) (4) (5) (6)

② ◀)) ヨシエガ (良江が 요시에가)　　　　　(0) (1) (2) (3) (4) (5) (6)

③ ◀)) キヨエガ (清枝が 키요에가)　　　　　(0) (1) (2) (3) (4) (5) (6)

④ ◀)) ヒロシガ (浩詞が 히로시가)　　　　　(0) (1) (2) (3) (4) (5) (6)

⑤ ◀)) トモミガ (友実が 토모미가)　　　　　(0) (1) (2) (3) (4) (5) (6)

⑥ ◀)) キイチガ (喜一が 키이치가)　　　　　(0) (1) (2) (3) (4) (5) (6)

⑦ 🔊 マサイチガ (正一が 마사이치가)　　　　(0) (1) (2) (3) (4) (5) (6)

⑧ 🔊 シンイチガ (真一が 신이치가)　　　　(0) (1) (2) (3) (4) (5) (6)

⑨ 🔊 サヤカガ (清が 사야카가)　　　　　(0) (1) (2) (3) (4) (5) (6)

⑩ 🔊 マモルガ (守が 마모루가)　　　　　(0) (1) (2) (3) (4) (5) (6)

2. 악센트의 핵이 있으면 ○ 핵이 없으면 ×를 선택하시오. 그리고 정답을 확인한 후에는 정답을 보면서 주의 깊게 듣고 2 번씩 발음해 보세요.

① 🔊 キヨミガ (清実が 키요미가)　　　　　　　　　○　　×

② 🔊 マサシガ (正志が 마사시가)　　　　　　　　○　　×

③ 🔊 コウジガ (孝治が 코우지가)　　　　　　　　○　　×

④ 🔊 ヒデオガ (秀男が 히데오가)　　　　　　　　○　　×

⑤ 🔊 コウイチガ (浩一が 코오이치가)　　　　　　○　　×

⑥ 🔊 カツイチガ (勝一が 카쯔이치가)　　　　　　○　　×

⑦ 🔊 テツガ (鉄が 테쯔가)　　　　　　　　　　　○　　×

⑧ 🔊 アヤガ (綾が 아야가)　　　　　　　　　　　○　　×

⑨ 🔊 アキラガ (明が 아키라가)　　　　　　　　　○　　×

⑩ 🔊 カオリガ (香が 카오리가)　　　　　　　　　○　　×

3. 아래의 단어를 듣고 악센트의 핵이 없으면 (0)을 선택하고, 핵이 있으면 뒤에서 몇 번째에 있는지 번호를 택하세요.

① 🔊 マサコガ (昌子が 마사코가)　　　　(0) (1) (2) (3) (4) (5) (6)

② 🔊 カズミガ (和美が 카즈미가)　　　　(0) (1) (2) (3) (4) (5) (6)

③ 🔊 アキオガ (昭夫が 아키오가)　　　　(0) (1) (2) (3) (4) (5) (6)

④ 🔊 ノリオガ (紀男が 노리오가)　　　　(0) (1) (2) (3) (4) (5) (6)

⑤ 🔊 ケンジガ (健二が 켄지가)　　　　　(0) (1) (2) (3) (4) (5) (6)

⑥ 🔊 ショウガ (翔が 쇼가)　　　　　　　(0) (1) (2) (3) (4) (5) (6)

⑦ 🔊 チエガ (千絵が 치에가)　　　　　　(0) (1) (2) (3) (4) (5) (6)

⑧ 🔊 タカシガ (貴が 타카시가)　　　　　(0) (1) (2) (3) (4) (5) (6)

⑨ 🔊 カオルガ (薫が 카오루가)　　　　　　(0) (1) (2) (3) (4) (5) (6)

⑩ 🔊 ミノルガ (実が 미노루가)　　　　　　(0) (1) (2) (3) (4) (5) (6)

3　과제

1. 아래의 단어를 듣고 악센트의 핵이 없으면 (0)을 선택하고, 핵이 있으면 뒤에서 몇 번째에 있는지 번호를 택하세요.

① 🔊 サトコガ (里子が 사토코가)　　　　(0) (1) (2) (3) (4) (5) (6)

② 🔊 アツエガ (淳江が 아츠에가)　　　　(0) (1) (2) (3) (4) (5) (6)

③ 🔊 キヨミガ (清実が 키요미가)　　　　(0) (1) (2) (3) (4) (5) (6)

④ 🔊 マサシガ (正志が 마사시가)　　　　(0) (1) (2) (3) (4) (5) (6)

⑤ 🔊 コウジガ (孝治が 코우지가)　　　　(0) (1) (2) (3) (4) (5) (6)

⑥ 🔊 ヒデオガ (秀男が 히데오가)　　　　(0) (1) (2) (3) (4) (5) (6)

⑦ 🔊 トモエガ (友絵が 토모에가)　　　　(0) (1) (2) (3) (4) (5) (6)

⑧ 🔊 カズシガ (和士が 카즈시가)　　　　(0) (1) (2) (3) (4) (5) (6)

⑨ 🔊 コウイチガ (浩一が 코오이치가)　　(0) (1) (2) (3) (4) (5) (6)

⑩ 🔊 カツイチガ (勝一が 카쯔이치가)　　(0) (1) (2) (3) (4) (5) (6)

⑪ 🔊 テツガ (鉄が 테쯔가)　　　　　　　(0) (1) (2) (3) (4) (5) (6)

⑫ 🔊 アヤガ (綾が 아야가)　　　　　　　(0) (1) (2) (3) (4) (5) (6)

⑬ 🔊 アキラガ (明が 아키라가)　　　　　(0) (1) (2) (3) (4) (5) (6)

⑭ 🔊 シズカガ (静が 시즈카가)　　　　　(0) (1) (2) (3) (4) (5) (6)

⑮ 🔊 マドカガ (円が 마도카가)　　　　　(0) (1) (2) (3) (4) (5) (6)

⑯ 🔊 マサイチガ (正一が 마사이치가)　　(0) (1) (2) (3) (4) (5) (6)

⑰ 🔊 タモツガ (保が 다모츠가)　　　　　(0) (1) (2) (3) (4) (5) (6)

⑱ 🔊 マサルガ (勝が 마사루가)　　　　　(0) (1) (2) (3) (4) (5) (6)

⑲ 🔊 メグミガ (恵が 메구미가)　　　　　(0) (1) (2) (3) (4) (5) (6)

⑳ 🔊 カオリガ (香が 카오리가)　　　　　(0) (1) (2) (3) (4) (5) (6)

2. 다음 단어를 잘 보고 녹음하여 보내시오. 🔊

☐ マサコガ (昌子が 마사코가)

☐ ハルコガ (晴子が 하루코가)

☐ ヨシエガ (良江が 요시에가)

☐ キヨエガ (清枝が 키요에가)

☐ カズミガ (和美が 카즈미가)

☐ アキオガ (昭夫が 아키오가)

☐ ノリオガ (紀男が 노리오가)

☐ ケンジガ (健二が 켄지가)

☐ ヒロシガ (浩詞が 히로시가)

☐ トモミガ (友実が 토모미가)

☐ キイチガ (喜一が 키이치가)

☐ マサイチガ (正一が 마사이치가)

☐ シンイチガ (真一が 신이치가)

☐ ショウガ (翔が 쇼가)

☐ チエガ (千絵が 치에가)

☐ タカシガ (貴が 타카시가)

☐ サヤカガ (清が 사야카가)

☐ マモルガ (守が 마모루가)

☐ カオルガ (薫が 카오루가)

☐ ミノルガ (実が 미노루가)

제05장

한어의 악센트

1 한어 악센트의 특징

○ 한 박+한 박으로 이루어진 2자한어는 두고형으로 첫번째 박에 악센트의 핵이 온다. 단 첫번째 박이 무성화되었을 때는 악센트의 핵이 한 박 뒤로 밀린다.

예) 🔊 シュ＼ミ(趣味 취미)　　　ト＼ショ(図書 도서)

キチ＼(基地 기지)　　　チカ＼(地下 지하)

○ 두 박+한 박으로 이루어진 2자한어로 명사적 의미를 나타내는 경우 두고형으로 첫번째 박에 악센트의 핵이 오는 경향이 강하다. 단 첫번째 박이 무성화되었을 때는 악센트의 핵이 한 박 뒤로 밀린다.

예) 🔊 コ＼クド(国土 국토)　　　ハ＼クシ(博士 박사)

シキ＼ソ(色素 색소)　　　ジュク＼ジョ(熟女 숙녀)

○ 한 박+두 박으로 이루어진 2자한어는 평판형이 되는 경향이 강하다.

예) 🔊 キボー￣(希望 희망)　　　チリョー￣(治療 치료)

○ 두 박+두 박으로 이루어진 2자한어는 평판형이 되는 경향이 강하다.

예) 🔊 アイケン⁻(愛犬 애견)　　　スイエー⁻(水泳 수영)

　악센트 연습

1. 아래의 단어를 듣고 악센트의 핵이 없으면 (0)을 선택하고, 핵이 있으면 뒤에서 몇 번째에 있는지 번호를 택하세요.

① 🔊 カコガ (過去が 과거가)	(0) (1) (2) (3) (4) (5) (6)
② 🔊 ジュジュガ (授受が 수수가)	(0) (1) (2) (3) (4) (5) (6)
③ 🔊 チズガ (地図が 지도가)	(0) (1) (2) (3) (4) (5) (6)
④ 🔊 ジュンジョガ (順序が 순서가)	(0) (1) (2) (3) (4) (5) (6)
⑤ 🔊 コーイガ (行為が 행위가)	(0) (1) (2) (3) (4) (5) (6)
⑥ 🔊 ズノーガ (頭脳が 두뇌가)	(0) (1) (2) (3) (4) (5) (6)
⑦ 🔊 ヤサイガ(野菜が 야채가)	(0) (1) (2) (3) (4) (5) (6)
⑧ 🔊 シキソガ (色素ガ 색소가)	(0) (1) (2) (3) (4) (5) (6)
⑨ 🔊 シューカイガ (集会が 집회가)	(0) (1) (2) (3) (4) (5) (6)
⑩ 🔊 ブンゲーガ (文芸が 문예가)	(0) (1) (2) (3) (4) (5) (6)

2. 악센트의 핵이 있으면 ○ 핵이 없으면 ✕를 선택하시오. 그리고 정답을 확인한 후에는 정답을 보면서 주의 깊게 듣고 2 번씩 발음해 보세요.

① 🔊 イシガ (意志が 의지가)	○	✕
② 🔊 キチガ (基地が 기지가)	○	✕
③ 🔊 トショガ (図書が 도서가)	○	✕
④ 🔊 キボーガ (希望が 희망이)	○	✕
⑤ 🔊 ダンジョガ (男女が 남녀가)	○	✕
⑥ 🔊 ヤキューガ (野球が 야구가)	○	✕
⑦ 🔊 ギョージガ (行事が 행사가)	○	✕

⑧ 🔊 リョーリガ (料理が 요리가)　　　　　　　○　　×

⑨ 🔊 チョーショクガ (朝食が 조식이)　　　　　○　　×

⑩ 🔊 コクバンガ (黒板が 칠판이)　　　　　　　○　　×

3. 아래이 단어를 듣고 악센트의 핵이 없으면 (0)을 선택하고, 핵이 있으면 뒤에서 몇 번째에 있는지 번호를 택하세요.

① 🔊 ムリガ (無理が 무리가)　　　　　　　(0) (1) (2) (3) (4) (5) (6)

② 🔊 ジショガ (辞書が 사전이)　　　　　　(0) (1) (2) (3) (4) (5) (6)

③ 🔊 キシャガ (記者が 기자가)　　　　　　(0) (1) (2) (3) (4) (5) (6)

④ 🔊 ジタクガ (自宅が 자택이)　　　　　　(0) (1) (2) (3) (4) (5) (6)

⑤ 🔊 ゲンゴガ (言語が 언어가)　　　　　　(0) (1) (2) (3) (4) (5) (6)

⑥ 🔊 シャシンガ (写真が 사진이)　　　　　(0) (1) (2) (3) (4) (5) (6)

⑦ 🔊 エイガガ (映画が 영화가)　　　　　　(0) (1) (2) (3) (4) (5) (6)

⑧ 🔊 ヤサイガ (野菜が 야채가)　　　　　　(0) (1) (2) (3) (4) (5) (6)

⑨ 🔊 モンダイガ (問題が 문제가)　　　　　(0) (1) (2) (3) (4) (5) (6)

⑩ 🔊 セツリツガ (設立が 설립이)　　　　　(0) (1) (2) (3) (4) (5) (6)

3　과제

1. 아래의 단어를 듣고 악센트의 핵이 없으면 (0)을 선택하고, 핵이 있으면 뒤에서 몇 번째에 있는지 번호를 택하세요.

① 🔊 イシガ (意志が 의지가)　　　　　　(0) (1) (2) (3) (4) (5) (6)

② 🔊 キチガ (基地が 기지가)　　　　　　(0) (1) (2) (3) (4) (5) (6)

③ 🔊 トショガ (図書が 도서가)　　　　　(0) (1) (2) (3) (4) (5) (6)

④ 🔊 キボーガ (希望が 희망이)　　　　　(0) (1) (2) (3) (4) (5) (6)

⑤ 🔊 ダンジョガ (男女が 남녀가)　　　　(0) (1) (2) (3) (4) (5) (6)

⑥ 🔊 ヤキューガ (野球が 야구가)　　　　(0) (1) (2) (3) (4) (5) (6)

⑦ 🔊 ギョージガ (行事が 행사가)　　　　　(0) (1) (2) (3) (4) (5) (6)

⑧ 🔊 リョーリガ (料理が 요리가)　　　　　(0) (1) (2) (3) (4) (5) (6)

⑨ 🔊 ギセキガ (議席が 의석이)　　　　　(0) (1) (2) (3) (4) (5) (6)

⑩ 🔊 コクバンガ (黒板が 칠판이)　　　　(0) (1) (2) (3) (4) (5) (6)

⑪ 🔊 チョーショクガ (朝食が 조식이)　　(0) (1) (2) (3) (4) (5) (6)

⑫ 🔊 トージガ (当時が 당시가)　　　　　(0) (1) (2) (3) (4) (5) (6)

⑬ 🔊 チコクガ (遅刻が 지각이)　　　　　(0) (1) (2) (3) (4) (5) (6)

⑭ 🔊 ジシンガ (地震が 지진이)　　　　　(0) (1) (2) (3) (4) (5) (6)

⑮ 🔊 スーガクガ (数学が 수학이)　　　　(0) (1) (2) (3) (4) (5) (6)

⑯ 🔊 ジキガ (時期が 시기가)　　　　　　(0) (1) (2) (3) (4) (5) (6)

⑰ 🔊 ジブンガ (自分が 자신이)　　　　　(0) (1) (2) (3) (4) (5) (6)

⑱ 🔊 カジガ (火事が 화재가)　　　　　　(0) (1) (2) (3) (4) (5) (6)

⑲ 🔊 セイカツガ (生活が 생활이)　　　　(0) (1) (2) (3) (4) (5) (6)

⑳ 🔊 ソーサガ (操作が 조작이)　　　　　(0) (1) (2) (3) (4) (5) (6)

2. 다음 단어를 잘 보고 녹음하여 보내시오. 🔊

　□ カコガ (過去が 과거가)

　□ リカガ (理科が 이과가)

　□ チズガ (地図が 지도가)

　□ ジュンジョガ (順序が 순서가)

　□ コーイガ (行為が 행위가)

　□ ホケンガ (保険が 보험이)

　□ マンガガ (漫画が 만화가)

　□ シキソガ (色素ガ 색소가)

　□ シューカイガ (集会が 집회가)

　□ ブンゲーガ (文芸が 문예가)

　□ チョーショクガ (朝食が 조식이)

　□ トージガ (当時が 당시가)

　□ チコクガ (遅刻が 지각이)

- ☐ ジシンガ (地震が 지진이)
- ☐ スーガクガ (数学が 수학이)
- ☐ ジキガ (時期が 시기가)
- ☐ ジブンガ (自分が 자신이)
- ☐ カジガ (火事が 화재가)
- ☐ セイカツガ (生活が 생활이)
- ☐ ソーサガ (操作が 조작이)

제06장

복합명사의 악센트

1 복합명사 악센트의 특징

○ 복합명사의 악센트형은 주로 後部요소(제2요소)의 길이(박수)와 악센트형에 의해 정해
진다. 즉 후부요소가 같은 단어이면 앞에 오는 요소에 관계없이 원칙적으로 복합명사
전체의 악센트형은 같게 된다.

- シ(市) : 「シ」 앞에 핵이 온다. ◀))
  オーサカ＼シ(大阪市)　　　　　コーベ＼シ(神戸市)

- ケン(県) : 「ケン」앞에 핵이 온다. ◀))
  アイチ＼ケン(愛知県)　　　　　ギフ＼ケン(岐阜県)

- ダイガク(大学) : 뒤에서 세번째 박에 핵이 온다. ◀))
  トーキョーダイ＼ガク(東京大学)

○ 후부요소가 2박 이하의 복합어

- 전부요소가 3박 이상일 경우 원칙적으로 전부요소의 마지막 박에 악센트의 핵이 온다. ◀))
  ク(区)　→　チヨダ＼ク(千代田区)　ミナト＼ク(港区)

ケン(券)　→　マエウリ＼ケン(前売り券)

モチ(餅)　→　カガミ＼モチ(鏡餅)

リョー(料)　→　ツーワ＼リョー(通話料)

- 후부요소의 악센트 핵을 유지하는 경우는 적다. ◀))

ネ＼コ(猫)　→　ペルシャネ＼コ

ビ＼ル　→　コーソービ＼ル(高層ビル)

カ＼シ(菓子)　→　コーリガ＼シ(氷菓子)

- 후부요소가 미고형인 고유어나 한어의 경우는 예외적으로 복합명사 전체가 평판형이 된다. ◀))

イロ＼ (色)　→　ミドリイロ ̄(緑色)

トー＼ (党)　→　キョーサントー ̄(共産党)

- 전부요소와 후부요소가 모두 2박 이하인 경우에는 복합어의 악센트 규칙이 나타나기 어렵고 단순명사의 악센트형이 나타난다. ◀))

タ＼ダ(只)　→　タダケン ̄(只券)　平板型

タ＼イ(大)　→　タイカイ ̄(大会)　平板型

○ 후부요소가 3박, 4박의 복합어

- 후부요소가 頭高型이나 中高型일 경우 : 후부요소의 악센트의 핵이 그대로 남는다. ◀))

後部：頭高型　例) カ＼メラ　→　コガタカ＼メラ(小型カメラ)

後部：中高型　例) ヒコ＼ーキ(飛行機)　→　カミヒコ＼ーキ(紙飛行機)

- 후부요소가 尾高型이나 平板型일 경우 : 후부요소의 앞에서 첫 번째 박에 악센트의 핵이 온다. ◀))

後部：尾高型　例) オトコ＼(男)　→　ユキオ＼トコ(雪男)

後部：平板型　例) ヤキュー ̄(野球)　→　プロヤ＼キュー(プロ野球)

• 악센트의 핵이 후부요소의 뒤에서 2번째에 올 경우 : 후부요소의 첫 번째 박에 핵이 생기는 경우도 있다. ◀))

　　タマ＼ゴ(卵)　→　ナマタ＼マゴ(生卵)

　　ジョーケ＼ン(条件)　→　ムジョ＼ーケン(無条件)

○ 후부요소가 5박 이상인 복합어

• 후부요소가 핵을 가질 경우 그 핵이 그대로 남고, 평판형일 경우는 그대로 평판형이 된다. 5박 이상의 단어에서는 尾高型은 거의 나타나지 않는다. ◀))

　　核있음 例) オリンピ＼ック　→　シドニーオリンピ＼ック(Sydney Olympic)

　　核없음 例) ボーエンキョー⌐　→　テンタイボーエンキョー⌐(天体望遠鏡)

2 악센트 연습

1. 아래의 단어를 듣고 악센트의 핵이 없으면 (0)을 선택하고, 핵이 있으면 뒤에서 몇 번째에 있는지 번호를 택하세요.

① ◀)) クガ (区が 구가)　　　　　　　　　　　　　(0) (1) (2) (3) (4) (5) (6)

② ◀)) ミナトクガ (港区が 하루코가)　　　　　　　(0) (1) (2) (3) (4) (5) (6)

③ ◀)) モチガ (餅が 떡이)　　　　　　　　　　　　(0) (1) (2) (3) (4) (5) (6)

④ ◀)) カガミモチガ (鏡餅が 카가미모찌가)　　　　(0) (1) (2) (3) (4) (5) (6)

⑤ ◀)) ビルガ (ビルが 빌딩이)　　　　　　　　　　(0) (1) (2) (3) (4) (5) (6)

⑥ ◀)) コーソービルガ (高層ビルが 고층빌딩이)　　(0) (1) (2) (3) (4) (5) (6)

⑦ ◀)) タマゴガ (卵が 달걀이)　　　　　　　　　　(0) (1) (2) (3) (4) (5) (6)

⑧ ◀)) ナマタマゴガ (生卵が 생달걀이)　　　　　　(0) (1) (2) (3) (4) (5) (6)

⑨ ◀)) オリンピックガ (올림픽이)　　　　　　　　(0) (1) (2) (3) (4) (5) (6)

⑩ ◀)) シドニーオリンピックガ (시드니올림픽이)　(0) (1) (2) (3) (4) (5) (6)

2. 악센트의 핵이 있으면 ○ 핵이 없으면 ×를 선택하시오. 그리고 정답을 확인한 후에는 정답을 보
면서 주의 깊게 듣고 2 번씩 발음해 보세요.

① 🔊 イロガ (色が 색이) ○ ×

② 🔊 ミドリイロガ (緑色が 녹색이) ○ ×

③ 🔊 カメラガ (カメラが 카메라가) ○ ×

④ 🔊 コガタカメラガ (小型カメラが 소형카메라가) ○ ×

⑤ 🔊 ヒコーキガ (飛行機が 비행기가) ○ ×

⑥ 🔊 カミヒコーキガ (紙飛行機が 종이비행기가) ○ ×

⑦ 🔊 ヤキューガ (野球が 야구가) ○ ×

⑧ 🔊 プロヤキューガ (プロ野球が 프로야구가) ○ ×

⑨ 🔊 ボーエンキョーガ (望遠鏡が 망원경이) ○ ×

⑩ 🔊 テンタイボーエンキョーガ (天体望遠鏡が 천체망원경이) ○ ×

3. 아래의 단어를 듣고 악센트의 핵이 없으면 (0)을 선택하고, 핵이 있으면 뒤에서 몇 번째에 있는지
번호를 택하세요.

① 🔊 イロガ (色が 색이) (0) (1) (2) (3) (4) (5) (6)

② 🔊 ミドリイロガ (緑色が 녹색이) (0) (1) (2) (3) (4) (5) (6)

③ 🔊 カメラガ (カメラが 카메라가) (0) (1) (2) (3) (4) (5) (6)

④ 🔊 コガタカメラガ (小型カメラが 소형카메라가) (0) (1) (2) (3) (4) (5) (6)

⑤ 🔊 ヒコーキガ (飛行機が 비행기가) (0) (1) (2) (3) (4) (5) (6)

⑥ 🔊 カミヒコーキガ (紙飛行機が 종이비행기가) (0) (1) (2) (3) (4) (5) (6)

⑦ 🔊 ヤキューガ (野球が 야구가) (0) (1) (2) (3) (4) (5) (6)

⑧ 🔊 プロヤキューガ (プロ野球が 프로야구가) (0) (1) (2) (3) (4) (5) (6)

⑨ 🔊 ボーエンキョーガ (望遠鏡が 망원경이) (0) (1) (2) (3) (4) (5) (6)

⑩ 🔊 テンタイボーエンキョーガ (天体望遠鏡が 천체망원경이) (0) (1) (2) (3) (4) (5) (6)

1. 아래의 단어를 듣고 악센트의 핵이 없으면 (0)을 선택하고, 핵이 있으면 뒤에서 몇 번째에 있는지 번호를 택하세요.

① 🔊 ケンガ (県が 현이)   (0) (1) (2) (3) (4) (5) (6) (7)

② 🔊 ギフケンガ (岐阜県が 기후 현이)   (0) (1) (2) (3) (4) (5) (6) (7)

③ 🔊 カシガ (菓子が 과자가)   (0) (1) (2) (3) (4) (5) (6) (7)

④ 🔊 コーリガシガ (氷菓子が 얼음과자가)   (0) (1) (2) (3) (4) (5) (6) (7)

⑤ 🔊 ウデガ (腕が 팔이)   (0) (1) (2) (3) (4) (5) (6) (7)

⑥ 🔊 ヒダリウデガ (左腕が 왼팔이)   (0) (1) (2) (3) (4) (5) (6) (7)

⑦ 🔊 カメラガ (カメラが 카메라가)   (0) (1) (2) (3) (4) (5) (6) (7)

⑧ 🔊 デジタルカメラガ (디지털카메라가)   (0) (1) (2) (3) (4) (5) (6) (7)

⑨ 🔊 ブレーキガ (브레이크가)   (0) (1) (2) (3) (4) (5) (6) (7)

⑩ 🔊 エンジンブレーキガ (엔진브레이크가)   (0) (1) (2) (3) (4) (5) (6) (7)

⑪ 🔊 ムスメガ (娘が 딸이)   (0) (1) (2) (3) (4) (5) (6) (7)

⑫ 🔊 ヒトリムスメガ (一人娘が 외동딸이)   (0) (1) (2) (3) (4) (5) (6) (7)

⑬ 🔊 オーサカガ (大阪が 오사카가)   (0) (1) (2) (3) (4) (5) (6) (7)

⑭ 🔊 シンオーサカガ (新大阪が 신오사카가)   (0) (1) (2) (3) (4) (5) (6) (7)

⑮ 🔊 ココロガ (心が 마음이)   (0) (1) (2) (3) (4) (5) (6) (7)

⑯ 🔊 オンナゴコロガ (女心が 여심이)   (0) (1) (2) (3) (4) (5) (6) (7)

⑰ 🔊 モノガタリガ (物語が 이야기가)   (0) (1) (2) (3) (4) (5) (6) (7)

⑱ 🔊 イソップモノガタリガ (イソップ物語が 이솝이야기가) (0) (1) (2) (3) (4) (5) (6) (7)

⑲ 🔊 タイオンケイガ (体温計が 체온계가)   (0) (1) (2) (3) (4) (5) (6) (7)

⑳ 🔊 デンシタイオンケイガ (電子体温計が 전자체온계가) (0) (1) (2) (3) (4) (5) (6) (7)

2. 다음 단어를 잘 보고 녹음하여 보내시오. 🔊

☐ クガ (区が 구가)

☐ ミナトクガ (港区が 미나토구가)

- ☐ モチガ (餅が 떡이)
- ☐ カガミモチガ (鏡餅が 카가미모찌가)
- ☐ ビルガ (빌딩이)
- ☐ コーソービルガ (高層ビルが 고층빌딩이)
- ☐ イロガ (色が 색이)
- ☐ ミドリイロガ (緑色が 녹색이)
- ☐ カメラガ (カメラが 카메라가)
- ☐ コガタカメラガ (小型カメラが 소형카메라가)
- ☐ ヒコーキガ (飛行機が 비행기가)
- ☐ カミヒコーキガ (紙飛行機が 종이비행기가)
- ☐ ヤキューガ (野球が 야구가)
- ☐ プロヤキューガ (プロ野球が 프로야구가)
- ☐ タマゴガ (卵が 달걀이)
- ☐ ナマタマゴガ (生卵が 생달걀이)
- ☐ オリンピックガ (Olympicが 올림픽이)
- ☐ シドニーオリンピックガ (Sydney Olympicが 시드니올림픽이)
- ☐ ボーエンキョーガ (望遠鏡が 망원경이)
- ☐ テンタイボーエンキョーガ (天体望遠鏡が 천체망원경이)

○ 제07장

단순동사의 악센트

1 단순동사 악센트의 특징

○ 단순동사의 악센트형은 평판형과 뒤에서 두번째에 핵이 오는 경우가 대부분이다.

　① 終止形·連体形의 악센트
　　· 평판형 ◀))
　　　きる⁻(着る)
　　　かりる⁻(借りる)
　　　はたらく⁻(働く)
　　　めしあがる⁻(召し上がる)

　　· 두번째에 핵이 오는 경우 ◀))
　　　み＼る(見る)
　　　たべ＼る(食べる)
　　　しらべ＼る(調べる)
　　　かんがえ＼る(考える)

* 終止形이 「つ」형태의 박으로 끝나는 동사는 거의 예외없이 끝에서 두번째 박에 악센트의 핵이 온다. ◀))

예) う\つ[打つ擊つ討つ]、も\つ[持つ]、ま\つ[待つ]、た\つ[立つ]、か\つ[勝つ]、たも\つ[保つ]、そだ\つ[育つ]、わか\つ[分かつ]

② 終止形・連体形以外의 악센트

· 終止形이 平板型인 動詞 ◀))

終止形・連体形	ねる⁻(寝る)	うたう⁻(歌う)	平板型
否定(ない形)	ねない⁻	うたわない⁻	平板型
過去(た形)	ねた⁻	うたった⁻	平板型
連用接續(て形)	ねて⁻	うたって⁻	平板型
條件(ば形)	ねれ\ば	うたえ\ば	:「ば」바로 앞 박에 핵이 옴

· 終止形의 뒤에서 두번째 박에 악센트의 핵이 오는 경우 ◀))

終止形・連体形 み\る(見る) はな\す(話す)

否定(ない形) み\ない はなさ\ない

:「ない」의 앞 박에 핵이 온다.

過去(た形) み\た はな\した

:「た」를 포함하여 뒤에서 세번째 박에 핵이 온다. 단, 세번째 박이 없을 경우는 직전 박에 핵이 온다.

連用接續(て形) み\て はな\して

:「て」를 포함하여 뒤에서 세번째 박에 핵이 온다. 단, 세번째 박이 없을 경우는 직전 박에 핵이 온다.

條件(ば形) み\れば はな\せば

:「ば」를 포함하여 뒤에서 세번째 박에 핵이 온다.

* 동사에 「ます」가 접속할 경우에는 핵의 유무를 막론하고 어간 부분의 핵이 사라지고 모두 「す」앞에 핵이 온다.

例) ◀)) み\る(見る) みま\す(見ます)

はな＼す(話す)　　　　　　はなしま＼す(話します)

きく ̄(聞く)　　　　　　　ききま＼す(聞きます)

わらう ̄(笑う)　　　　　　わらいま＼す(笑います)

2　악센트 연습

1. 아래의 단어를 듣고 악센트의 핵이 없으면 (0)을 선택하고, 핵이 있으면 뒤에서 몇 번째에 있는지 번호를 택하세요.

① 🔊 オシエル (教える 가르치다)　　　　　　(0) (1) (2) (3) (4) (5) (6)

② 🔊 オシエナイ (教えない 가르치지 않다)　　(0) (1) (2) (3) (4) (5) (6)

③ 🔊 オシエタ (教えた 가르쳤다)　　　　　　(0) (1) (2) (3) (4) (5) (6)

④ 🔊 オシエテ (教えて 가르치고)　　　　　　(0) (1) (2) (3) (4) (5) (6)

⑤ 🔊 オシエレバ (教えれば 가르치면)　　　　(0) (1) (2) (3) (4) (5) (6)

⑥ 🔊 ソダテル (育てる 기르다)　　　　　　　(0) (1) (2) (3) (4) (5) (6)

⑦ 🔊 ソダテナイ (育てない 기르지 않다)　　　(0) (1) (2) (3) (4) (5) (6)

⑧ 🔊 ソダテタ (育てた 길렀다)　　　　　　　(0) (1) (2) (3) (4) (5) (6)

⑨ 🔊 ソダテテ (育てて 기르고)　　　　　　　(0) (1) (2) (3) (4) (5) (6)

⑩ 🔊 ソダテレバ (育てれば 기르면)　　　　　(0) (1) (2) (3) (4) (5) (6)

2. 악센트의 핵이 있으면 ○ 핵이 없으면 ✕를 선택하시오. 그리고 정답을 확인한 후에는 정답을 보면서 주의 깊게 듣고 2 번씩 발음해 보세요.

① 🔊 キク (聞く 듣다)　　　　　　　　　　　○　　　✕

② 🔊 キカナイ (聞かない 듣지 않다)　　　　　○　　　✕

③ 🔊 キイタ (聞いた 들었다)　　　　　　　　○　　　✕

④ 🔊 キイテ (聞いて 듣고)　　　　　　　　　○　　　✕

⑤ 🔊 キケバ (聞けば 들으면)　　　　　　　　○　　　✕

⑥ 🔊 ヨム (読む 읽다)　　　　　　　　　　　○　　　✕

⑦ 🔊 ヨマナイ (読まない 읽지 않다)　　　　　　　○　　×

⑧ 🔊 ヨンダ (読んだ 읽었다)　　　　　　　　　○　　×

⑨ 🔊 ヨンデ (読んで 읽고)　　　　　　　　　　○　　×

⑩ 🔊 ヨメバ (読めば 읽으면)　　　　　　　　　○　　×

3. 아래의 단어를 듣고 악센트의 핵이 없으면 (0)을 선택하고, 핵이 있으면 뒤에서 몇 번째에 있는지 번호를 택하세요.

① 🔊 キク (聞く 듣다)　　　　　　　　　(0) (1) (2) (3) (4) (5) (6)

② 🔊 キカナイ (聞かない 듣지 않다)　　　(0) (1) (2) (3) (4) (5) (6)

③ 🔊 キイタ (聞いた 들었다)　　　　　　(0) (1) (2) (3) (4) (5) (6)

④ 🔊 キイテ (聞いて 듣고)　　　　　　　(0) (1) (2) (3) (4) (5) (6)

⑤ 🔊 キケバ (聞けば 들으면)　　　　　　(0) (1) (2) (3) (4) (5) (6)

⑥ 🔊 ヨム (読む 읽다)　　　　　　　　　(0) (1) (2) (3) (4) (5) (6)

⑦ 🔊 ヨマナイ (読まない 읽지 않다)　　　(0) (1) (2) (3) (4) (5) (6)

⑧ 🔊 ヨンダ (読んだ 읽었다)　　　　　　(0) (1) (2) (3) (4) (5) (6)

⑨ 🔊 ヨンデ (読んで 읽고)　　　　　　　(0) (1) (2) (3) (4) (5) (6)

⑩ 🔊 ヨメバ (読めば 읽으면)　　　　　　(0) (1) (2) (3) (4) (5) (6)

3 　**과제**

1. 아래의 단어를 듣고 악센트의 핵이 없으면 (0)을 선택하고, 핵이 있으면 뒤에서 몇 번째에 있는지 번호를 택하세요.

① 🔊 カウ (買う 사다)　　　　　　　　　　(0) (1) (2) (3) (4) (5) (6)

② 🔊 カワナイ (買わない 사지 않다)　　　　(0) (1) (2) (3) (4) (5) (6)

③ 🔊 カッタ (買った 샀다)　　　　　　　　(0) (1) (2) (3) (4) (5) (6)

④ 🔊 カッテ (買って 사(서))　　　　　　　(0) (1) (2) (3) (4) (5) (6)

⑤ 🔊 カエバ (買えば 사면)　　　　　　　　(0) (1) (2) (3) (4) (5) (6)

⑥ 🔊 オヨグ (泳ぐ 헤엄치다)   (0) (1) (2) (3) (4) (5) (6)

⑦ 🔊 オヨガナイ (泳がない 헤엄치지 않다)   (0) (1) (2) (3) (4) (5) (6)

⑧ 🔊 オヨイダ (泳いだ 헤엄쳤다)   (0) (1) (2) (3) (4) (5) (6)

⑨ 🔊 オヨイデ (泳いで 헤엄치고)   (0) (1) (2) (3) (4) (5) (6)

⑩ 🔊 オヨゲバ (泳げば 헤엄치면)   (0) (1) (2) (3) (4) (5) (6)

⑪ 🔊 トマル (止まる 멈추다)   (0) (1) (2) (3) (4) (5) (6)

⑫ 🔊 トマラナイ (止まらない 멈추지 않다)   (0) (1) (2) (3) (4) (5) (6)

⑬ 🔊 トマッタ (止まった 멈췄다)   (0) (1) (2) (3) (4) (5) (6)

⑭ 🔊 トマッテ (止まって 멈추고)   (0) (1) (2) (3) (4) (5) (6)

⑮ 🔊 トマレバ (止まれば 멈추면)   (0) (1) (2) (3) (4) (5) (6)

⑯ 🔊 ツカレル (疲れる 피곤하다)   (0) (1) (2) (3) (4) (5) (6)

⑰ 🔊 ツカレナイ (疲れない 피곤하지 않다)   (0) (1) (2) (3) (4) (5) (6)

⑱ 🔊 ツカレタ (疲れた 피곤했다)   (0) (1) (2) (3) (4) (5) (6)

⑲ 🔊 ツカレテ (疲れて 피곤해서)   (0) (1) (2) (3) (4) (5) (6)

⑳ 🔊 ツカレレバ (疲れれば 피곤하면)   (0) (1) (2) (3) (4) (5) (6)

2. 다음 단어를 잘 보고 녹음하여 보내시오. 🔊

☐ キク (聞く 듣다)

☐ キカナイ (聞かない 듣지 않다)

☐ キイタ (聞いた 들었다)

☐ キイテ (聞いて 듣고)

☐ キケバ (聞けば 들으면)

☐ ヨム (読む 읽다)

☐ ヨマナイ (読まない 읽지 않다)

☐ ヨンダ (読んだ 읽었다)

☐ ヨンデ (読んで 읽고)

☐ ヨメバ (読めば 읽으면)

☐ オシエル (教える 가르치다)

☐ オシエナイ (教えない 가르치지 않다)

- ☐ オシエタ (教えた 가르쳤다)
- ☐ オシエテ (教えて 가르치고)
- ☐ オシエレバ (教えれば 가르치면)
- ☐ ソダテル (育てる 기르다)
- ☐ ソダテナイ (育てない 기르지 않다)
- ☐ ソダテタ (育てた 길렀다)
- ☐ ソダテテ (育てて 기르고)
- ☐ ソダテレバ (育てれば 기르면)

복합동사의 악센트

복합동사 악센트의 특징

○ 앞동사의 악센트에 따라 결정된다.

　① 앞 동사가 평판식 동사일 경우 원칙적으로 뒤에서 2번째 악센트의 핵이 온다.

　　· 平板式＋平板式

　　　カウ⁻(買う)＋アゲル⁻(上げる)　＝　カイアゲ＼ル(買い上げる)

　　· 平板式＋起伏式

　　　ナク⁻(泣く)＋ダ＼ス(出す)　＝　ナキダ＼ス(泣き出す)

　② 앞 동사가 기복식 동사일 경우 원칙적으로 평판형이 된다.

　　· 起伏式＋平板式

　　　カ＼ク(書く)＋ヤム⁻(止む)　＝　カキヤム⁻(書き止む)

　　· 起伏式＋起伏式

　　　ミ＼ル(見る)＋コ＼ム(込む)　＝　ミコム⁻(見込む)

∘ 단 강조의 뜻을 갖는 복합동사는 앞 동사의 악센트의 핵을 살리는 경향이 있다.

コ＼ク(扱く)＋ツカウ ̄(使う) ＝ コ＼キツカウ(扱き使う)

---

2 악센트 연습

1. 아래의 단어를 듣고 악센트의 핵이 없으면 (0)을 선택하고, 핵이 있으면 뒤에서 몇 번째에 있는지 번호를 택하세요.

① ◀》 カウ(買う 사다)   (0) (1) (2) (3) (4) (5) (6)

② ◀》 アゲル(上げる 올리다)   (0) (1) (2) (3) (4) (5) (6)

③ ◀》 カイアゲル(買い上げる 수매하다)   (0) (1) (2) (3) (4) (5) (6)

④ ◀》 ナク(泣く 울다)   (0) (1) (2) (3) (4) (5) (6)

⑤ ◀》 ダス(出す 내놓다)   (0) (1) (2) (3) (4) (5) (6)

⑥ ◀》 ナキダス(泣き出す 울기 시작하다)   (0) (1) (2) (3) (4) (5) (6)

⑦ ◀》 トル(取る 취하다)   (0) (1) (2) (3) (4) (5) (6)

⑧ ◀》 カエル(替える 바꾸다)   (0) (1) (2) (3) (4) (5) (6)

⑨ ◀》 トリカエル(取り替える 교환하다)   (0) (1) (2) (3) (4) (5) (6)

⑩ ◀》 ヨム(読む 읽다)   (0) (1) (2) (3) (4) (5) (6)

⑪ ◀》 ナオス(直す 고치다)   (0) (1) (2) (3) (4) (5) (6)

⑫ ◀》 ヨミナオス(読み直す 다시 읽다)   (0) (1) (2) (3) (4) (5) (6)

2. 악센트의 핵이 있으면 ○ 핵이 없으면 ×를 선택하시오. 그리고 정답을 확인한 후에는 정답을 보면서 주의 깊게 듣고 2 번씩 발음해 보세요.

① ◀》 タタク(叩く 두드리다)   ○   ×

② ◀》 ツケル(付ける 붙이다)   ○   ×

③ ◀》 タタキツケル(叩き付ける 내동댕이치다)   ○   ×

④ ◀》 ツクル(作る 만들다)   ○   ×

⑤ ◀》 タテル(立てる 세우다)   ○   ×

⑥ 🔊 ツクリタテル (作り立てる 완성시키다)　　　○　　×

⑦ 🔊 カタル (語る 말하다)　　　○　　×

⑧ 🔊 アカス (明かす 밝히다)　　　○　　×

⑨ 🔊 カタリアカス (語り明かす 밤새 이야기하다)　　　○　　×

3. 아래의 단어를 듣고 악센트의 핵이 없으면 (0)을 선택하고, 핵이 있으면 뒤에서 몇 번째에 있는지 번호를 택하세요.

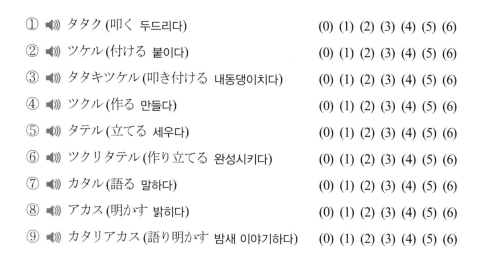

① 🔊 タタク (叩く 두드리다)　　　(0) (1) (2) (3) (4) (5) (6)

② 🔊 ツケル (付ける 붙이다)　　　(0) (1) (2) (3) (4) (5) (6)

③ 🔊 タタキツケル (叩き付ける 내동댕이치다)　　　(0) (1) (2) (3) (4) (5) (6)

④ 🔊 ツクル (作る 만들다)　　　(0) (1) (2) (3) (4) (5) (6)

⑤ 🔊 タテル (立てる 세우다)　　　(0) (1) (2) (3) (4) (5) (6)

⑥ 🔊 ツクリタテル (作り立てる 완성시키다)　　　(0) (1) (2) (3) (4) (5) (6)

⑦ 🔊 カタル (語る 말하다)　　　(0) (1) (2) (3) (4) (5) (6)

⑧ 🔊 アカス (明かす 밝히다)　　　(0) (1) (2) (3) (4) (5) (6)

⑨ 🔊 カタリアカス (語り明かす 밤새 이야기하다)　　　(0) (1) (2) (3) (4) (5) (6)

3 　과제

1. 아래의 단어를 듣고 악센트의 핵이 없으면 (0)을 선택하고, 핵이 있으면 뒤에서 몇 번째에 있는지 번호를 택하세요.

① 🔊 オウ (追う 쫓다)　　　(0) (1) (2) (3) (4) (5) (6)

② 🔊 ヌク (抜く 빠져 나가다)　　　(0) (1) (2) (3) (4) (5) (6)

③ 🔊 オイヌク (追い抜く 앞지르다)　　　(0) (1) (2) (3) (4) (5) (6)

④ 🔊 ネル (寝る 자다)　　　(0) (1) (2) (3) (4) (5) (6)

⑤ 🔊 ナオス (直す 고치다)　　　(0) (1) (2) (3) (4) (5) (6)

⑥ 🔊 ネナオス (寝直す 다시 자다)　　　(0) (1) (2) (3) (4) (5) (6)

⑦ 🔊 カク (書く 쓰다)   (0) (1) (2) (3) (4) (5) (6)

⑧ 🔊 ヤム (止む 멈추다)   (0) (1) (2) (3) (4) (5) (6)

⑨ 🔊 カキヤム (書き止む 그만 쓰다)   (0) (1) (2) (3) (4) (5) (6)

⑩ 🔊 デル (出る 나가다)   (0) (1) (2) (3) (4) (5) (6)

⑪ 🔊 ナオス (直す 고치다)   (0) (1) (2) (3) (4) (5) (6)

⑫ 🔊 デナオス (出直す 다시 하다)   (0) (1) (2) (3) (4) (5) (6)

⑬ 🔊 カジル (齧る 갉다)   (0) (1) (2) (3) (4) (5) (6)

⑭ 🔊 ツク (付く 붙다)   (0) (1) (2) (3) (4) (5) (6)

⑮ 🔊 カジリツク (齧り付く 물어 뜯다)   (0) (1) (2) (3) (4) (5) (6)

⑯ 🔊 ミル (見る 보다)   (0) (1) (2) (3) (4) (5) (6)

⑰ 🔊 オワル (終わる 끝나다)   (0) (1) (2) (3) (4) (5) (6)

⑱ 🔊 ミオワル (見終わる 끝까지 보다)   (0) (1) (2) (3) (4) (5) (6)

2. 다음 단어를 잘 보고 녹음하여 보내시오. 🔊

☐ カウ (買う 사다)

☐ アゲル (上げる 올리다)

☐ カイアゲル (買い上げる 수매하다)

☐ ナク (泣く 울다)

☐ ダス (出す 내놓다)

☐ ナキダス (泣き出す 울기 시작하다)

☐ トル (取る 취하다)

☐ カエル (替える 바꾸다)

☐ トリカエル (取り替える 교환하다)

☐ ヨム (読む 읽다)

☐ ナオス (直す 고치다)

☐ ヨミナオス (読み直す 다시 읽다)

☐ タタク (叩く 두드리다)

☐ ツケル (付ける 붙이다)

☐ タタキツケル (叩き付ける 내동댕이치다)

☐ ツクル (作る 만들다)

☐ タテル (立てる 세우다)

☐ ツクリタテル (作り立てる 완성시키다)

☐ カタル (語る 말하다)

☐ アカス (明かす 밝히다)

☐ カタリアカス (語り明かす 밤새 이야기하다)

제09장

단순 형용사의 악센트

1 단순 형용사 악센트의 특징

○ 단순 형용사의 악센트형은 평판형과 뒤에서 두번째에 핵이 오는 경우가 대부분인데 후자가 전자보다 훨씬 많다.

① 終止形・連体形의 악센트

· 평판형 ◀))

あかいˉ(赤い)

あまいˉ(甘い)

つめたいˉ(冷たい)

＊평판형 형용사 : 아래의 3박, 4박 평판형 형용사를 제외하면 나머지는 모두 뒤에서 두번째에 핵이 오는 형용사이다.

<3박> ◀))

アカイ 赤い 빨갛다　　　アサイ 浅い 얕다

アツイ 厚い 두껍다　　　アマイ 甘い 달다

アライ 荒い 거칠다　　　ウスイ 薄い 얇다

オソイ 遅い 늦다　　　　　オモイ 重い 무겁다

カタイ 堅い 단단하다　　　カルイ 軽い 가볍다

キツイ 심하다　　　　　　　クライ 暗い 어둡다

ケムイ 煙い 냅다　　　　　　ツライ 괴롭다

トオイ 遠い 멀다　　　　　　ネムイ 眠い 졸리다

マルイ 丸い 둥글다

<4박> 🔊

アカルイ 明るい 밝다　　　　アブナイ 危ない 위험하다

アヤシイ 怪しい 수상하다　　オモタイ 重たい 무겁다

カナシイ 悲しい 슬프다　　　キイロイ 黄色い 노랗다

ケムタイ 煙たい 냅다　　　　ツメタイ 冷たい 차갑다

ネムタイ 眠たい 졸리다　　　ヒラタイ 平たい 평평하다

ヤサシイ 優しい 친절하다　　ヤサシイ 易しい 쉽다

ヨロシイ 宜しい 좋다

- 뒤에서 두번째에 핵이 오는 경우 🔊

  あお＼い(青い)

  しろ＼い(白い)

  あつ＼い(暑い)

② 終止形・連体形以外의 악센트

- 終止形이 平板型인 形容詞 🔊

  - 連用形만 平板型이 되고 그 밖의 활용형에서는 語幹의 마지막 박에 핵이 온다.

    終止形・連体形　　：まるい ̄(円い)　平板型

    連用形[く形]　　　：まるく ̄　　　　平板型

    連用接続形[て形]　：まる＼くて

    過去形[た形]　　　：まる＼かった

    条件形[ば形]　　　：まる＼ければ

- 終止形의 뒤에서 두번째 박에 악센트의 핵이 오는 形容詞 ◀》
  - 終止形에 대해서 核이 왼쪽으로 한 박 옮겨진다.

　　　終止形・連体形　　 : ひろ＼い(広い)

　　　連用形[く形]　　　 : ひ＼ろく

　　　連用接続形[て形] : ひ＼ろくて

　　　過去形[た形]　　　 : ひ＼ろかった

　　　条件形[ば形]　　　 : ひ＼ろければ

2　악센트 연습

1. 아래의 단어를 듣고 악센트의 핵이 없으면 (0)을 선택하고, 핵이 있으면 뒤에서 몇 번째에 있는지 번호를 택하세요.

　① ◀》 アカイ (赤い 빨갛다)　　　　　　　　(0) (1) (2) (3) (4) (5) (6)

　② ◀》 アカク (赤く 빨갛게)　　　　　　　　(0) (1) (2) (3) (4) (5) (6)

　③ ◀》 アカクテ (赤くて 빨갛고)　　　　　　(0) (1) (2) (3) (4) (5) (6)

　④ ◀》 アカカッタ (赤かった 빨갰다)　　　　(0) (1) (2) (3) (4) (5) (6)

　⑤ ◀》 アカケレバ (赤ければ 빨가면)　　　　(0) (1) (2) (3) (4) (5) (6)

　⑥ ◀》 アオイ (青い 파랗다)　　　　　　　　(0) (1) (2) (3) (4) (5) (6)

　⑦ ◀》 アオク (青く 파랗게)　　　　　　　　(0) (1) (2) (3) (4) (5) (6)

　⑧ ◀》 アオクテ (青くて 파랗고)　　　　　　(0) (1) (2) (3) (4) (5) (6)

　⑨ ◀》 アオカッタ (青かった 파랬다)　　　　(0) (1) (2) (3) (4) (5) (6)

　⑩ ◀》 アオケレバ (青ければ 파라면)　　　　(0) (1) (2) (3) (4) (5) (6)

2. 악센트의 핵이 있으면 ○ 핵이 없으면 ×를 선택하시오. 그리고 정답을 확인한 후에는 정답을 보면서 주의 깊게 듣고 2 번씩 발음해 보세요.

　① ◀》 アカルイ (明るい 밝다)　　　　　　　　　　　　　○　　　×

　② ◀》 アカルク (明るく 밝게)　　　　　　　　　　　　　○　　　×

③ 🔊 アカルクテ (明るくて 밝고)　　　　　　　　○　　×

④ 🔊 アカルカッタ (明るかった 밝았다)　　　　○　　×

⑤ 🔊 アカルケレバ (明るければ 밝으면)　　　　○　　×

⑥ 🔊 アタラシイ (新しい 새롭다)　　　　　　　○　　×

⑦ 🔊 アタラシク (新しく 새롭게)　　　　　　　○　　×

⑧ 🔊 アタラシクテ (新しくて 새롭고)　　　　　○　　×

⑨ 🔊 アタラシカッタ (新しかった 새로웠다)　　○　　×

⑩ 🔊 アタラシケレバ (新しければ 새로우면)　　○　　×

3. 아래의 단어를 듣고 악센트의 핵이 없으면 (0)을 선택하고, 핵이 있으면 뒤에서 몇 번째에 있는지
번호를 택하세요.

① 🔊 アカルイ (明るい 밝다)　　　　　　　　(0) (1) (2) (3) (4) (5) (6)

② 🔊 アカルク (明るく 밝게)　　　　　　　　(0) (1) (2) (3) (4) (5) (6)

③ 🔊 アカルクテ (明るくて 밝고)　　　　　　(0) (1) (2) (3) (4) (5) (6)

④ 🔊 アカルカッタ (明るかった 밝았다)　　　(0) (1) (2) (3) (4) (5) (6)

⑤ 🔊 アカルケレバ (明るければ 밝으면)　　　(0) (1) (2) (3) (4) (5) (6)

⑥ 🔊 アタラシイ (新しい 새롭다)　　　　　　(0) (1) (2) (3) (4) (5) (6)

⑦ 🔊 アタラシク (新しく 새롭게)　　　　　　(0) (1) (2) (3) (4) (5) (6)

⑧ 🔊 アタラシクテ (新しくて 새롭고)　　　　(0) (1) (2) (3) (4) (5) (6)

⑨ 🔊 アタラシカッタ (新しかった 새로웠다)　(0) (1) (2) (3) (4) (5) (6)

⑩ 🔊 アタラシケレバ (新しければ 새로우면)　(0) (1) (2) (3) (4) (5) (6)

3　**과제**

1. 아래의 단어를 듣고 악센트의 핵이 없으면 (0)을 선택하고, 핵이 있으면 뒤에서 몇 번째에 있는지
번호를 택하세요.

① 🔊 クライ (暗い 어둡다)　　　　　　　　(0) (1) (2) (3) (4) (5) (6) (7)

② 🔊 クラク (暗く 어둡게)   (0) (1) (2) (3) (4) (5) (6) (7)

③ 🔊 クラクテ (暗くて 어둡고)   (0) (1) (2) (3) (4) (5) (6) (7)

④ 🔊 クラカッタ (暗かった 어두웠다)   (0) (1) (2) (3) (4) (5) (6) (7)

⑤ 🔊 クラケレバ (暗ければ 어두우면)   (0) (1) (2) (3) (4) (5) (6) (7)

⑥ 🔊 サムイ (寒い 춥다)   (0) (1) (2) (3) (4) (5) (6) (7)

⑦ 🔊 サムク (寒く 춥게)   (0) (1) (2) (3) (4) (5) (6) (7)

⑧ 🔊 サムクテ (寒くて 춥고)   (0) (1) (2) (3) (4) (5) (6) (7)

⑨ 🔊 サムカッタ (寒かった 추웠다)   (0) (1) (2) (3) (4) (5) (6) (7)

⑩ 🔊 サムケレバ (寒ければ 추우면)   (0) (1) (2) (3) (4) (5) (6) (7)

⑪ 🔊 オイシイ (美味しい 맛있다)   (0) (1) (2) (3) (4) (5) (6) (7)

⑫ 🔊 オイシク (美味しく 맛있게)   (0) (1) (2) (3) (4) (5) (6) (7)

⑬ 🔊 オイシクテ (美味しくて 맛있고)   (0) (1) (2) (3) (4) (5) (6) (7)

⑭ 🔊 オイシカッタ (美味しかった 맛있었다)   (0) (1) (2) (3) (4) (5) (6) (7)

⑮ 🔊 オイシケレバ (美味しければ 맛있으면)   (0) (1) (2) (3) (4) (5) (6) (7)

⑯ 🔊 タダシイ (正しい 바르다)   (0) (1) (2) (3) (4) (5) (6) (7)

⑰ 🔊 タダシク (正しく 바르게)   (0) (1) (2) (3) (4) (5) (6) (7)

⑱ 🔊 タダシクテ (正しくて 바르고)   (0) (1) (2) (3) (4) (5) (6) (7)

⑲ 🔊 タダシカッタ (正しかった 발랐다)   (0) (1) (2) (3) (4) (5) (6) (7)

⑳ 🔊 タダシケレバ (正しければ 발랐으면)   (0) (1) (2) (3) (4) (5) (6) (7)

2. 다음 단어를 잘 보고 녹음하여 보내시오. 🔊

☐ アカイ (赤い 빨갛다)

☐ アカク (赤く 빨갛게)

☐ アカクテ (赤くて 빨갛고)

☐ アカカッタ (赤かった 빨갰다)

☐ アカケレバ (赤ければ 빨가면)

☐ アオイ (青い 파랗다)

☐ アオク (青く 파랗게)

☐ アオクテ (青くて 파랗고)

☐ アオカッタ (青かった 파랬다)

☐ アオケレバ (青ければ 파라면)

☐ アカルイ (明るい 밝다)

☐ アカルク (明るく 밝게)

☐ アカルクテ (明るくて 밝고)

☐ アカルカッタ (明るかった 밝았다)

☐ アカルケレバ (明るければ 밝으면)

☐ アタラシイ (新しい 새롭다)

☐ アタラシク (新しく 새롭게)

☐ アタラシクテ (新しくて 새롭고)

☐ アタラシカッタ (新しかった 새로웠다)

☐ アタラシケレバ (新しければ 새로우면)

제10장

복합 형용사의 악센트

1 복합 형용사 악센트의 특징

○ 앞부분 요소의 악센트 핵이 없어지고 원칙적으로 뒷부분 요소의 끝에서 두 번째에 악센트의 핵이 온다.

○ 뒷 부분 요소가 평판형인 경우 그 악센트 형을 남겨도 좋다. 하지만 요즈음은 평판형도 뒷부분 요소의 끝에서 두 번째에 악센트의 핵이 오는 경우가 많다. ◀))

    しろ\い
      → あおじろ\い
    くらい￢ 平板型
      → ほのぐら\い
     やさしい￢ 平板型
      → なまやさしい￢ 平板型

○ 복합형용사 활용형의 악센트
  : 終止形에 대해서 核이 왼쪽으로 한 박 옮겨진다. ◀))
  終止形・連体形   : あおじろ\い(青白い)

連用形[く形]	: あおじ＼ろく
連用接続形[て形]	: あおじ＼ろくて
過去形[た形]	: あおじ＼ろかった
条件形[ば形]	: あおじ＼ろければ

2 악센트 연습

1. 아래의 단어를 듣고 악센트의 핵이 없으면 (0)을 선택하고, 핵이 있으면 뒤에서 몇 번째에 있는지 번호를 택하세요.

① 🔊 シロイ (白い 하얗다)   (0) (1) (2) (3) (4) (5) (6)

② 🔊 マッシロイ (真っ白い 새하얗다)   (0) (1) (2) (3) (4) (5) (6)

③ 🔊 マッシロク (真っ白く 새하얗게)   (0) (1) (2) (3) (4) (5) (6)

④ 🔊 マッシロクテ (真っ白くて 새하얗고)   (0) (1) (2) (3) (4) (5) (6)

⑤ 🔊 マッシロカッタ (真っ白かった 새하얬다)   (0) (1) (2) (3) (4) (5) (6)

⑥ 🔊 マッシロケレバ (真っ白ければ 새하야면)   (0) (1) (2) (3) (4) (5) (6)

⑦ 🔊 クライ (暗い 어둡다)   (0) (1) (2) (3) (4) (5) (6)

⑧ 🔊 ウスグライ (薄暗い 어둑어둑하다)   (0) (1) (2) (3) (4) (5) (6)

⑨ 🔊 ウスグラク (薄暗く 어둑어둑하게)   (0) (1) (2) (3) (4) (5) (6)

⑩ 🔊 ウスグラクテ (薄暗くて 어둑어둑하고)   (0) (1) (2) (3) (4) (5) (6)

⑪ 🔊 ウスグラカッタ (薄暗かった 어둑어둑했다)   (0) (1) (2) (3) (4) (5) (6)

⑫ 🔊 ウスグラケレバ (薄暗ければ 어둑어둑하면)   (0) (1) (2) (3) (4) (5) (6)

2. 악센트의 핵이 있으면 ○ 핵이 없으면 ×를 선택하시오. 그리고 정답을 확인한 후에는 정답을 보면서 주의 깊게 듣고 2 번씩 발음해 보세요.

① 🔊 ホソイ (細い 가늘다)   ○   ×

② 🔊 ココロボソイ (心細い 허전하다)   ○   ×

③ 🔊 ココロボソク (心細く 허전하게)   ○   ×

④ 🔊 ココロボソクテ (心細くて 허전하고) ○ ×

⑤ 🔊 ココロボソカッタ (心細かった 허전했다) ○ ×

⑥ 🔊 ココロボソケレバ (心細ければ 허전하면) ○ ×

⑦ 🔊 カナシイ (悲しい 슬프다) ○ ×

⑧ 🔊 モノガナシイ (物悲しい 구슬프다) ○ ×

⑨ 🔊 モノガナシク (物悲しく 구슬프게) ○ ×

⑩ 🔊 モノガナシクテ (物悲しくて 구슬프고) ○ ×

⑪ 🔊 モノガナシカッタ (物悲しかった 구슬펐다) ○ ×

⑫ 🔊 モノガナシケレバ (物悲しければ 구슬프면) ○ ×

3. 아래의 단어를 듣고 악센트의 핵이 없으면 (0)을 선택하고, 핵이 있으면 뒤에서 몇 번째에 있는지 번호를 택하세요.

① 🔊 ホソイ (細い 가늘다) (0) (1) (2) (3) (4) (5) (6)

② 🔊 ココロボソイ (心細い 허전하다) (0) (1) (2) (3) (4) (5) (6)

③ 🔊 ココロボソク (心細く 허전하게) (0) (1) (2) (3) (4) (5) (6)

④ 🔊 ココロボソクテ (心細くて 허전하고) (0) (1) (2) (3) (4) (5) (6)

⑤ 🔊 ココロボソカッタ (心細かった 허전했다) (0) (1) (2) (3) (4) (5) (6)

⑥ 🔊 ココロボソケレバ (心細ければ 허전하면) (0) (1) (2) (3) (4) (5) (6)

⑦ 🔊 カナシイ (悲しい 슬프다) (0) (1) (2) (3) (4) (5) (6)

⑧ 🔊 モノガナシイ (物悲しい 구슬프다) (0) (1) (2) (3) (4) (5) (6)

⑨ 🔊 モノガナシク (物悲しく 구슬프게) (0) (1) (2) (3) (4) (5) (6)

⑩ 🔊 モノガナシクテ (物悲しくて 구슬프고) (0) (1) (2) (3) (4) (5) (6)

⑪ 🔊 モノガナシカッタ (物悲しかった 구슬펐다) (0) (1) (2) (3) (4) (5) (6)

⑫ 🔊 モノガナシケレバ (物悲しければ 구슬프면) (0) (1) (2) (3) (4) (5) (6)

1. 아래의 단어를 듣고 악센트의 핵이 없으면 (0)을 선택하고, 핵이 있으면 뒤에서 몇 번째에 있는지 번호를 택하세요.

   ① 🔊 ナマヌルイ (生ぬるい 미적지근하다)   (0) (1) (2) (3) (4) (5) (6) (7)

   ② 🔊 ナマヌルク (生ぬるく 미적지근하게)   (0) (1) (2) (3) (4) (5) (6) (7)

   ③ 🔊 ナマヌルクテ (生ぬるくて 미적지근하고)   (0) (1) (2) (3) (4) (5) (6) (7)

   ④ 🔊 ナマヌルカッタ (生ぬるかった 미적지근했다)   (0) (1) (2) (3) (4) (5) (6) (7)

   ⑤ 🔊 ナマヌルケレバ (生ぬるければ 미적지근하면)   (0) (1) (2) (3) (4) (5) (6) (7)

   ⑥ 🔊 チカラヅヨイ (力強い 힘차다)   (0) (1) (2) (3) (4) (5) (6) (7)

   ⑦ 🔊 チカラヅヨク (力強く 힘차게)   (0) (1) (2) (3) (4) (5) (6) (7)

   ⑧ 🔊 チカラヅヨクテ (力強くて 힘차고)   (0) (1) (2) (3) (4) (5) (6) (7)

   ⑨ 🔊 チカラヅヨカッタ (力強かった 힘찼다)   (0) (1) (2) (3) (4) (5) (6) (7)

   ⑩ 🔊 チカラヅヨケレバ (力強ければ 힘차면)   (0) (1) (2) (3) (4) (5) (6) (7)

   ⑪ 🔊 ハダサムイ (肌寒い 으스스 춥다)   (0) (1) (2) (3) (4) (5) (6) (7)

   ⑫ 🔊 ハダサムク (肌寒く 으스스 춥게)   (0) (1) (2) (3) (4) (5) (6) (7)

   ⑬ 🔊 ハダサムクテ (肌寒くて 으스스 춥고)   (0) (1) (2) (3) (4) (5) (6) (7)

   ⑭ 🔊 ハダサムカッタ (肌寒かった 으스스 추웠다)   (0) (1) (2) (3) (4) (5) (6) (7)

   ⑮ 🔊 ハダサムケレバ (肌寒ければ 으스스 추우면)   (0) (1) (2) (3) (4) (5) (6) (7)

   ⑯ 🔊 マンマルイ (真ん丸い 동그랗다)   (0) (1) (2) (3) (4) (5) (6) (7)

   ⑰ 🔊 マンマルク (真ん丸く 동그랗게)   (0) (1) (2) (3) (4) (5) (6) (7)

   ⑱ 🔊 マンマルクテ (真ん丸くて 동그랗고)   (0) (1) (2) (3) (4) (5) (6) (7)

   ⑲ 🔊 マンマルカッタ (真ん丸かった 동그랬다)   (0) (1) (2) (3) (4) (5) (6) (7)

   ⑳ 🔊 マンマルケレバ (真ん丸ければ 동그라면)   (0) (1) (2) (3) (4) (5) (6) (7)

2. 다음 단어를 잘 보고 녹음하여 보내시오. 🔊

   ☐ シロイ (白い 하얗다)

   ☐ マッシロイ (真っ白い 새하얗다)

- ☐ マッシロク (真っ白く 새하얗게)
- ☐ マッシロクテ (真っ白くて 새하얗고)
- ☐ マッシロカッタ (真っ白かった 새하얬다)
- ☐ マッシロケレバ (真っ白ければ 새하야면)
- ☐ クライ (暗い 어둡다)
- ☐ ウスグライ (薄暗い 어둑어둑하다)
- ☐ ウスグラク (薄暗く 어둑어둑하게)
- ☐ ウスグラクテ (薄暗くて 어둑어둑하고)
- ☐ ウスグラカッタ (薄暗かった 어둑어둑했다)
- ☐ ウスグラケレバ (薄暗ければ 어둑어둑하면)
- ☐ ホソイ (細い 가늘다)
- ☐ ココロボソイ (心細い 허전하다)
- ☐ ココロボソク (心細く 허전하게)
- ☐ ココロボソクテ (心細くて 허전하고)
- ☐ ココロボソカッタ (心細かった 허전했다)
- ☐ ココロボソケレバ (心細ければ 허전하면)
- ☐ カナシイ (悲しい 슬프다)
- ☐ モノガナシイ (物悲しい 구슬프다)
- ☐ モノガナシク (物悲しく 구슬프게)
- ☐ モノガナシクテ (物悲しくて 구슬프고)
- ☐ モノガナシカッタ (物悲しかった 구슬펐다)
- ☐ モノガナシケレバ (物悲しければ 구슬프면)

연습문제 정답

第01장 어두의 탁음(カ行과 ガ行、タ行과 ダ行)

듣기연습

1. ① 1,　② 2,　③ 2,　④ 1,　⑤ 2,　⑥ 1,　⑦ 2,　⑧ 1,　⑨ 2,　⑩ 1
2. ① 1,　② 2,　③ 2,　④ 1,　⑤ 2,　⑥ 1,　⑦ 2,　⑧ 2,　⑨ 1,　⑩ 2

第02장 어중/어미의 청음(カ行과 ガ行、タ行과 ダ行)

듣기연습

1. ① 2,　② 1,　③ 2,　④ 1,　⑤ 1,　⑥ 1,　⑦ 2,　⑧ 2,　⑨ 1,　⑩ 1
2. ① 2,　② 1,　③ 1,　④ 1,　⑤ 2,　⑥ 2,　⑦ 2,　⑧ 1,　⑨ 2,　⑩ 1

第03장 장음과 단음의 발음

듣기연습

1. ① 2,　② 2,　③ 1,　④ 2,　⑤ 2,　⑥ 2,　⑦ 2,　⑧ 2,　⑨ 1,　⑩ 2
2. ① 1,　② 2,　③ 2,　④ 1,　⑤ 2,　⑥ 1,　⑦ 2,　⑧ 1,　⑨ 2,　⑩ 1

第04장 ザ・ゼ・ゾ와 ジャ・ジェ・ジョ의 발음

듣기연습

1. ① 2,　② 1,　③ 1,　④ 2,　⑤ 2,　⑥ 2,　⑦ 2,　⑧ 2,　⑨ 1,　⑩ 2
2. ① 2,　② 2,　③ 1,　④ 1,　⑤ 1,　⑥ 1,　⑦ 1,　⑧ 2,　⑨ 1,　⑩ 2

第05장 ツ・チュ와 ズ・ジュ의 발음

듣기연습

1. ① 2,　② 2,　③ 2,　④ 1,　⑤ 2,　⑥ 2,　⑦ 1,　⑧ 2,　⑨ 1,　⑩ 2
2. ① 2,　② 1,　③ 2,　④ 1,　⑤ 1,　⑥ 1,　⑦ 2,　⑧ 2,　⑨ 1,　⑩ 1

第06장 촉음(促音)과 비촉음(非促音)의 발음

듣기연습

1. ① 2,　② 1,　③ 2,　④ 2,　⑤ 1,　⑥ 2,　⑦ 2,　⑧ 2,　⑨ 2,　⑩ 1
2. ① 1,　② 1,　③ 2,　④ 1,　⑤ 1,　⑥ 2,　⑦ 2,　⑧ 1,　⑨ 2,　⑩ 1

제07장 발음(撥音)의 발음

들기연습

1. ① 2, ② 1, ③ 2, ④ 2, ⑤ 1, ⑥ 2, ⑦ 1, ⑧ 2, ⑨ 2, ⑩ 2
2. ① 2, ② 2, ③ 1, ④ 1, ⑤ 1, ⑥ 1, ⑦ 2, ⑧ 2, ⑨ 1, ⑩ 2

제08장 모음의 무성화

들기연습

1. ① 2, ② 2, ③ 1, ④ 2, ⑤ 2, ⑥ 2, ⑦ 2, ⑧ 1, ⑨ 2, ⑩ 1
2. ① 2, ② 2, ③ 2, ④ 1, ⑤ 1, ⑥ 1, ⑦ 1, ⑧ 2, ⑨ 2, ⑩ 2

제09장 외래어의 표기와 발음

들기연습

1. ① 2, ② 2, ③ 1, ④ 2, ⑤ 2, ⑥ 1, ⑦ 2, ⑧ 1, ⑨ 2, ⑩ 1
2. ① 2, ② 1, ③ 1, ④ 2, ⑤ 2, ⑥ 1, ⑦ 2, ⑧ 1, ⑨ 2, ⑩ 1

제10장 발음종합

들기연습

1. ① 2, ② 2, ③ 2, ④ 2, ⑤ 2, ⑥ 2, ⑦ 2, ⑧ 2, ⑨ 2, ⑩ 2
2. ① 2, ② 2, ③ 1, ④ 2, ⑤ 1, ⑥ 2, ⑦ 1, ⑧ 2, ⑨ 1, ⑩ 2

제3부 일본어 악센트

제01장 개관

악센트 연습

1. ① 2, ② 0, ③ 2, ④ 3, ⑤ 0, ⑥ 5, ⑦ 2, ⑧ 0, ⑨ 3, ⑩ 2
2. ① ○, ② ○, ③ ×, ④ ○, ⑤ ×, ⑥ ×, ⑦ ○, ⑧ ○, ⑨ ○, ⑩ ×
3. ① 0, ② 3, ③ 4, ④ 2, ⑤ 0, ⑥ 4, ⑦ 3, ⑧ 4, ⑨ 5, ⑩ 6

제02장 단순명사의 악센트

악센트 연습

1. ① 2, ② 3, ③ 0, ④ 4, ⑤ 2, ⑥ 5, ⑦ 2, ⑧ 5, ⑨ 3, ⑩ 6

2. ① ○,　② ×,　③ ○,　④ ×,　⑤ ×,　⑥ ○,　⑦ ×,　⑧ ○,　⑨ ○,　⑩ ×
3. ① 0,　② 2,　③ 3,　④ 0,　⑤ 0,　⑥ 4,　⑦ 3,　⑧ 4,　⑨ 0,　⑩ 2

제03장 외래어의 악센트

악센트 연습

1. ① 3,　② 4,　③ 3,　④ 5,　⑤ 5,　⑥ 5,　⑦ 4,　⑧ 0,　⑨ 4,　⑩ 5
2. ① ○,　② ○,　③ ×,　④ ○,　⑤ ×,　⑥ ○,　⑦ ○,　⑧ ○,　⑨ ○,　⑩ ○
3. ① 4,　② 4,　③ 4,　④ 0,　⑤ 4,　⑥ 0,　⑦ 5,　⑧ 0,　⑨ 5,　⑩ 4

제04장 이름의 악센트

악센트 연습

1. ① 4,　② 0,　③ 0,　④ 4,　⑤ 0,　⑥ 4,　⑦ 4,　⑧ 0,　⑨ 4,　⑩ 0
2. ① ×,　② ○,　③ ○,　④ ×,　⑤ ×,　⑥ ○,　⑦ ○,　⑧ ○,　⑨ ○,　⑩ ×
3. ① 4,　② 0,　③ 0,　④ 0,　⑤ 4,　⑥ 3,　⑦ 3,　⑧ 4,　⑨ 0,　⑩ 0

제05장 한어의 악센트

악센트 연습

1. ① 3,　② 3,　③ 3,　④ 4,　⑤ 3,　⑥ 0,　⑦ 0,　⑧ 3,　⑨ 0,　⑩ 0
2. ① ○,　② ○,　③ ○,　④ ×,　⑤ ○,　⑥ ×,　⑦ ○,　⑧ ○,　⑨ ×,　⑩ ×
3. ① 3,　② 3,　③ 2,　④ 0,　⑤ 4,　⑥ 0,　⑦ 4,　⑧ 0,　⑨ 0,　⑩ 0

제06장 복합명사의 악센트

악센트 연습

1. ① 2,　② 3,　③ 0,　④ 4,　⑤ 3,　⑥ 3,　⑦ 3,　⑧ 4,　⑨ 4,　⑩ 4
2. ① ○,　② ×,　③ ○,　④ ○,　⑤ ○,　⑥ ○,　⑦ ×,　⑧ ○,　⑨ ×,　⑩ ×
3. ① 2,　② 0,　③ 4,　④ 4,　⑤ 4,　⑥ 4,　⑦ 0,　⑧ 4,　⑨ 0,　⑩ 0

제07장 단순동사의 악센트

악센트 연습

1. ① 0,　② 0,　③ 0,　④ 0,　⑤ 2,　⑥ 2,　⑦ 3,　⑧ 3,　⑨ 3,　⑩ 3
2. ① ×,　② ×,　③ ×,　④ ×,　⑤ ○,　⑥ ○,　⑦ ○,　⑧ ○,　⑨ ○,　⑩ ○

3. ① 0,　② 0,　③ 0,　④ 0,　⑤ 2,　⑥ 2,　⑦ 3,　⑧ 3,　⑨ 3,　⑩ 3

제08장 복합동사의 악센트

악센트 연습

1. ① 0,　② 0,　③ 2,　④ 0,　⑤ 2,　⑥ 2,　⑦ 2,　⑧ 0,　⑨ 0,　⑩ 2,　⑪ 2,　⑫ 0
2. ① ○,　② ○,　③ ○,　④ ○,　⑤ ○,　⑥ ×,　⑦ ×,　⑧ ×,　⑨ ○
3. ① 2,　② 2,　③ 2,　④ 2,　⑤ 2,　⑥ 0,　⑦ 0,　⑧ 0,　⑨ 2

제09장 단순 형용사의 악센트

악센트 연습

1. ① 0,　② 0,　③ 3,　④ 4,　⑤ 4,　⑥ 2,　⑦ 3,　⑧ 4,　⑨ 5,　⑩ 5
2. ① ×,　② ×,　③ ○,　④ ○,　⑤ ○,　⑥ ○,　⑦ ○,　⑧ ○,　⑨ ○,　⑩ ○
3. ① 0,　② 0,　③ 3,　④ 4,　⑤ 4,　⑥ 2,　⑦ 3,　⑧ 4,　⑨ 5,　⑩ 5

제10장 복합 형용사의 악센트

악센트 연습

1. ① 2,　② 2,　③ 3,　④ 4,　⑤ 5,　⑥ 5,　⑦ 0,　⑧ 2,　⑨ 3,　⑩ 4,　⑪ 5,　⑫ 5
2. ① ○,　② ○,　③ ○,　④ ○,　⑤ ○,　⑥ ○,　⑦ ×,　⑧ ○,　⑨ ○,　⑩ ○,　⑪ ○,　⑫ ○
3. ① 2,　② 2,　③ 3,　④ 4,　⑤ 5,　⑥ 5,　⑦ 0,　⑧ 2,　⑨ 3,　⑩ 4,　⑪ 5,　⑫ 5

참고문헌

赤木浩文他2人(2010)『毎日練習！リズムで身につく日本語の発音』スリーエーネットワーク

天沼寧他2人著(1987)『日本語音声学』くろしお出版

猪塚元・猪塚恵美子著(2007)『日本語教育能力検定試験　音声パーフェクト対策』アルク

遠藤由美子他2人著(2008)『日本語教育能力検定試験　聴解・音声　特訓プログラム』三修社

亀井孝他2人編(1996)『言語学大辞典　第6巻　述語編』三省堂

川上蓁著(1996)『日本語音声概説』おうふう

河野俊之他3人共著(2009)『1日10分の発音練習』くろしお出版

木下直子・中川千恵子(2019)『ひとりでも学べる日本語の発音』ひつじ書房

国際交流基金著(2009)『国際交流基金　日本語教授法シリーズ　第2巻「音声を教える」』いつじ書房

酒井裕著(1992)『音声アクセントクリニック』凡人社

酒井真弓著(2007)『韓国語話者の日本語音声考―韓日両国語の比較から―』J&C

城生佰太郎他2人遍(2011)『音声学基本事典』勉誠出版

杉藤美代子著(2002)『日本語音声の研究7　教育への提言』和泉書院

杉藤美代子著(2012)『日本語のアクセント、英語のアクセント』ひつじ書房

田中真一著(2011)『アクセントとリズム』研究社

田中真一・窪園晴夫著(2008)『日本語の発音教室　理論と練習』くろしお出版

戸田貴子著(2008)『日本語教育と音声』くろしお出版

戸田貴子著(2009)『コミュニケーションのための日本語発音レッスン』スリーエーネットワーク

戸田貴子編(2012)『シャドーイングで日本語発音レッスン』スリーエーネットワーク

中條修著(1990)『日本語の音韻とアクセント』勁草書房

日本音声学会編(1976)『音声学大辞典』三修社

日本語教育学会編(2006)『日本語教育事典』제이앤씨

服部四郎著(1984)『音声学』岩波書店

服部四郎著(1979)『新版　音韻論と正書法』大修館書店

文化庁(1977)『日本語教育指導参考書1　音声と音声教育』大蔵省印刷局

저자

┃ 정 현 혁(鄭炫赫)

1993년 한국외국어대학교 일본어과 졸업
1995년 한국외국어대학교대학원 일어일문학과 졸업(문학석사)
2007년 와세다(早稲田)대학 대학원 문학연구과 졸업(문학박사)

현재 사이버한국외국어대학교 일본어학부 교수
      일본어학(일본어사) 전공

저서
『미디어일본어』(2017) 제이앤씨
『일본어발음연습』(2022) 제이앤씨
『일본어 한자기초1026』(2023) 제이앤씨
『개설일본어』(2023) 지식과교양
『新明解 일본어악센트사전 일본어악센트 습득법칙』(역, 2020) 제이앤씨 등 다수

논문
「キリシタン版国字本の文字·表記に関する研究」
「韓国人日本語学習者のための効果的な漢字学習」
「16세기 키리시탄판 국자본 종교서의 표기」
「吉利支丹心得書の仮名遣い―和語を中心に―」
「キリシタン版『ひですの経』の仮名の用字法」 등 다수

감수

┃ 酒井真弓(SAKAI MAYUMI 사카이마유미)

東京女子大学文理学部 卒業
한국외국어대학교 (석사박사)졸업
현 덕성여자대학교 일어일문과 초빙교수

저서
『韓国語話者の日本語音声考』(2007) 제이앤씨
『Open 日本語』(2011) 일본어뱅크

개정판

한국인을 위한 일본어 발음

개정판 인쇄 2024년 03월 01일
개정판 발행 2024년 03월 05일

저   자 정현혁
감   수 사카이마유미
발 행 인 윤석현
발 행 처 제이앤씨
책 임 편 집 최인노
등 록 번 호 제7-220호

우 편 주 소 서울시 도봉구 우이천로 353
대 표 전 화 02) 992 / 3253
전   송 02) 991 / 1285
전 자 우 편 jncbook@hanmail.net

ⓒ 정현혁 2024 Printed in KOREA.

ISBN 979-11-5917-243-4   13730   정가 12,000원